日本はこうしてつくられた3

徳川家康
戦国争乱と王道政治

安部龍太郎

目次

本書は、月刊誌『サライ』に連載されていた「半島をゆく」を底本に加筆修正したものです。取材には、著者の安部龍太郎氏、三重大学の藤田達生教授、日本画家の北村さゆりさんが参加しています。登場する方の肩書はすべて取材時のままとなっています。

まえがき

「急に申しわけありませんが、『半島をゆく』の取材ができなくなりました」

担当編集者のI君から電話があったのは、二〇二〇年五月中頃のことだ。

第一回の知多《ちた》半島編から佐渡編まで六年三か月。全国二十か所の半島を訪ね、歴史や風土、人情などについて取材をさせていただいたが、実施にあたっては地元の自治体に大変お世話になっている。

取材先の選定や移動のための車の手配、地元の研究者や郷土史家の方々の紹介など、御恩は筆舌に尽くしがたいほどだ。

「ところがコロナ禍があるので、東京からの取材は当分見合わせた方がいいと思います」

I君の声は沈んでいた。

コロナ自粛が声高《こわだか》に叫ばれていた頃でしたが、その影響はついに我々の取材にまで及んだのである。さて、どうするか。取るべき方法は連載を打ち切るか、中断して再開の時を待つか、別の形で連載を続けるかの三つしかなかった。

「それならいっそ、やめてしまおうか」

私は少なからず自棄《やけ》になっていた。

コロナ禍のせいで講演は中止になるし、書店が休業したために新刊本は売れないし、馴染《なじ》みの居酒屋に行くこともできなくなっていた。

「お気持ちは分かりますが、できれば別の形で連載を続けてもらえませんか」

関東圏なら日帰りで取材ができますと、I君はすでに腹案を用意していた。

「それなら関東に入封《にゅうほう》した徳川家康が、どのように領国を創建していったかをテーマにしたらどうだろうね」

実は長年彼を主人公にした『家康』(幻冬舎時代小説文庫)を書いていて、その頃には第四部「飛躍編」に突入していた。

家康が秀吉の求めに応じて上洛《じょうらく》し、大坂城で臣従を表明する場面を描いていたが、次には小田原征伐に出陣し、関東移封《いほう》を命じられる場面になる予定だった。

その取材も兼ねれば一石二鳥ではないかと、都合のいい計略をめぐらしたのでした。

「家康の一生」で戦国史を俯瞰

(残りの人生を賭けて、徳川家康に挑戦してみよう)

そう決意したのは七年前、めでたく還暦を迎えた時だった。

おそらく現役の作家として働けるのはあと十五年くらいだろう。その間に家康を主人公にして戦国時代小説の集大成となる作品を仕上げたいと思った。と言うのは、長年織田信長を中心とした歴史小説を書いているうちに、従来語られてきた戦国史観は大きく間違っていることに気付いたからだ。

江戸時代に鎖国政策を取り、外国があることさえ国民には教えようとしなかったために、戦国時代も鎖国史観の枠組みの中で解釈されてきた。

ところが戦国時代は世界の大航海時代に当たっている。ポルトガルやスペインは大砲を装備した大型帆船によって大海原に乗り出し、キリスト教の布教を大義名分として世界中を植民地化していた。

ポルトガルはマカオに、スペインはマニラに拠点をおいて東アジア経営に乗り出し、石見《いわみ》銀山で産出される優良の銀に引き寄せられて日本に迫ってきた。

鉄砲の伝来もフランシスコ・ザビエルの来日もそのために起こったことで、決して偶然の漂着でも善意の布教でもないのである。

ポルトガルは戦国日本に鉄砲を普及させ、火薬の原料である硝石《しょうせき》や弾の材料である鉛を売り込むことで、銀を手に入れようとした。

またザビエルを始めとするイエズス会員は、ポルトガルと一体となって世界布教に乗り出していたので、ポルトガルのために外交官や商社マンの役割をはたし、布教の後には日本を植民地化することも視野に入れていた。

そのやり方は次の通りである。まず寄港地の大名から布教の許可と居住権を得て、やがてポルトガルとの外交、通商の仲介をする。

そうして南蛮貿易による巨大な利益と、鉄砲を中心とした軍事物資を与えることによって大名に取り入り、やがてキリスト教に入信するように仕向けていく。

その典型的な例は日本で初めてキリシタン大名になったといわれる大村純忠《おおむらすみただ》で、彼は佐世保《させぼ》湾の横瀬浦《よこせうら》をイエズス会の求めに応じて開港したばかりか、やがて長崎や茂木《もぎ》を寄進して南蛮船入港の便宜をはかった。

ポルトガルやスペイン、そしてイエズス会のこうした方針に危機感を覚えた江戸幕府は、徹底したキリシタン弾圧を行ない、イエズス会やキリシタンの事跡を歴史の中から抹殺してしまった。

また、農本主義的な幕藩体制を維持するために、士農工商の身分制を導入し、戦国時代における商人や流通業者の活躍を消し去ったのである。

しかし戦国時代には石見銀山のシルバーラッシュや南蛮貿易によって空前の高度経済成長が起こり、商人と流通業者が巨万の富を握っていた。

その代表が堺の納屋衆《なやしゅう》や石見銀山の開発を手がけた博多の神屋《かみや》一族で、彼らは戦国大名を動かすほどの経済力を持っていた。

こうした新しい史観を背景にした戦国時代の小説を描きたい。その主人公は家康しかいないと考えたのが、拙作『家康』に取り組んだ理由である。

家康は永禄《えいろく》三年（一五六〇）に桶狭間《おけはざま》の戦いに出陣し、慶長《けいちょう》二十年（一六一五）の大坂の陣で豊臣家が滅ぶまで、数え年十九から七十四までの五十五年間、戦国時代の主要な合戦にほとんど関与している。

二十一歳で信長と同盟を結び、四十四歳で大坂城に登城して秀吉に臣従を誓い、両者の天下統一のために重要な働きをしました。

それゆえ家康の一生を描けば、自然と戦国時代全般を俯瞰《ふかん》することができる。しかも信長、秀吉、家康がどんな問題に直面し、どんな国家を築くことで解決をはかろうとしたのかも明確にすることができる。

押し詰めて言えば、この三英傑が直面したのは幕末と同じ問題だった。欧米列強の外圧に対処するために、薩摩《さつま》や長州《ちょうしゅう》は幕藩体制を取る徳川幕府を倒し、天皇中心の中央集権と富国強兵政策をとった。

信長も守護《しゅご》領国制をとる足利《あしかが》幕府を倒し、自分が太上《だいじょう》天皇となることで朝廷中心の中央集権体制を築こうとしたが、朝廷の上位に立つ僭上《せんじょう》を許し難いと見た前関白近衛前久《このえさきひさ》や将軍足利義昭らは、明智光秀に本能寺の変を起こさせて信長を葬り、足利幕府を復興しようとしたのである。

　ところがこうした動きを、大名家や公家に多くの信者を持つイエズス会は察知していた。そこでイエズス会はキリシタンである黒田官兵衛を通じて秀吉と密約を結び、本能寺の変の直後に光秀を討ち果たして天下を取らせる計略を立てた。

　この計略はまんまと成功し、秀吉は、関白太政大臣《だいじょうだいじん》となって朝廷を中心とした中央集権体制を築いた。豊臣政権は南蛮貿易や石見銀山などを独占し、検地や刀狩りなどによって農地と領民への支配を強化して、重商主義による富国強兵策をとった末に朝鮮出兵（文禄《ぶんろく》・慶長の役《えき》）を強行した。

　ところが明国《みんこく》、朝鮮の連合軍に敗れ、慶長三年（一五九八）の秀吉の死を契機《けいき》として退却せざるを得なくなった。この時の日本は、前後七年におよぶ出兵の負担によって疲弊《ひへい》のどん底にあった。これをどう立て直すかという課題に直面した家康は、中央集権から地方分権へ、重商主義から農本主義へと転換するしかないと考えたのである。

　ところが石田三成《いしだみつなり》らは豊臣政権の方針を継続しようとし、畿内や西国《さいごく》の大名を身方《みかた》につけて家康を排斥《はいせき》しようとした。そのために関ヶ原の戦いが起こり、これに勝利した家康は幕藩体制をとることによって、以後二百六十五年にわたる平和の礎《いしずえ》を築いた。

こうした政策を採用するきっかけとなったのは、小田原征伐後に関東移封を命じられ、そこでの統治と開拓の実績に手応えを得たからだと思われる。

西国と東国《とうごく》には地政学的宿命がある。西国はユーラシア大陸に近く、船舶の往来も盛んで、貿易の利潤《りじゅん》に与《あずか》る機会も多く、大陸の先進文明の影響も受けやすい。

ところが東国はこうした利点からは縁遠く、農業を中心とした産業に頼らざるを得ないし、保守主義におちいりがちである。

家康が始めた江戸再開発

この違いが平家と源氏の源平争乱、後醍醐《ごだいご》天皇と足利尊氏《たかうじ》の南北朝の争乱、足利将軍と鎌倉公方《くぼう》の争乱、秀吉と北条家の小田原合戦の原因となった。

そうした「後進地帯」である関東七か国（武蔵《むさし》、相模《さがみ》、上総《かずさ》、下総《しもうさ》、伊豆《いず》、上野《こうずけ》の大半、下《しも》野《つけ》の一部）を与えられた家康は、どんな領国経営と低湿地の開発、開拓を行ない、今日の首都東京につながる発展の礎を築いたのか。

本書の第一章と第二章では、その現場をつぶさに訪ね歩いたが、その手始めに家康が入封後に手がけた拠点造りの概略を、鈴木理生《まさお》氏の『江戸はこうして造られた』（ちくま学芸文庫）を参考にして記せば、およそ次の通りである。

天正十八年（一五九〇）八月一日に家康が江戸城に入った時、江戸湾には本郷《ほんごう》台地から続く丘陵が江戸前島《まえじま》という形でせり出し、その西側には日比谷《ひびや》入江が湾入していた。東を流れる入間川（現在の隅田川）の下流には江戸湊《みなと》があり、佃島《つくだじま》が浮かんでいた。さらに東には、利根川《とねがわ》（現在の江戸川）が北から南へと真っ直《ます》ぐに江戸湾に流入していた。日比谷入江の奥には、山吹の花の歌のエピソードで知られる太田道灌《おおたどうかん》が築いた江戸城があり、北条氏の領国になっても水運の拠点として利用されていた。

家康はこの城を居城にすることにしたが、関東七か国を支配する本拠地としては狭すぎる。城のある高台のまわりは低湿地なので、大坂城並みの巨大な城を築くことも、城下町を建設することもできなかった。

そこでまず、日比谷入江を埋め立てることにした。そのためには入江に流入している平川《ひらかわ》の流路を変え、水が流れ込まないようにする必要がある。そこで江戸前島のつけ根、現在の和田倉門橋から呉服橋門まで約二キロの道三堀《どうさんぼり》を開削した。

そして平川の流れを東に向けて道三堀につなぐことで流路を変える（現在の日本橋川）と同時に、江戸湊から江戸城に物資を運べるようにした。ちなみに道三堀の名は、この堀の南岸に二代目曲直瀬道三《まなせどうさん》の屋敷があったからだと言われている。

次に行なったのは旧石神井川《しゃくじいがわ》から入間川、そして利根川まで続く小名木川《おなぎがわ》、新川《しんかわ》の建設だった。海岸線沿いに物資を運ぶ船を運行させることは、河流や潮流、波や風などの影響を受けるのできわめて困難だった。

そこで海岸沿いに約八キロの人工の川（水路）を作り、利根川の河口から道三堀を通って江戸城まで、船で物資が運べるようにしたのである。この工事は道三堀のような開削ではなく、海岸線に杭《くい》を打って川の位置を定め、その南側を埋め立てることで作られた。堀を掘った土を使って土塁を作る作業なので、築城に慣れた将兵や人夫たちには取り組みやすい仕事だったはずである。

慶長八年（一六〇三）に家康が幕府を開くと、諸国の大名を動員して天下普請《てんかぶしん》が行なえるようになった。そこで家康は翌年に江戸城大増築の計画を示し、西国大名三十一家に対して石垣用石材を運搬する船の建造を命じた。

その数、何と三千艘《そう》。石材の多くは伊豆半島から切り出すのだから、外洋航海にも耐えられる船でなければならない。諸大名家は船の完成に二年の歳月を要したほどだった。

そして慶長十一年（一六〇六）三月から第一次の天下普請が始まり、江戸城の本丸、西の丸、北の丸が造られ、日比谷入江が埋め立てられて現在の外濠《そとぼり》だけが水路として残された。

やがて利根川の現在の流路への付け替え工事や、飲用水を確保するための玉川《たまがわ》上水の建設、低湿地の埋め立てなどが行なわれ、江戸は幕府の首都としての規模と機能を備えていったのである。

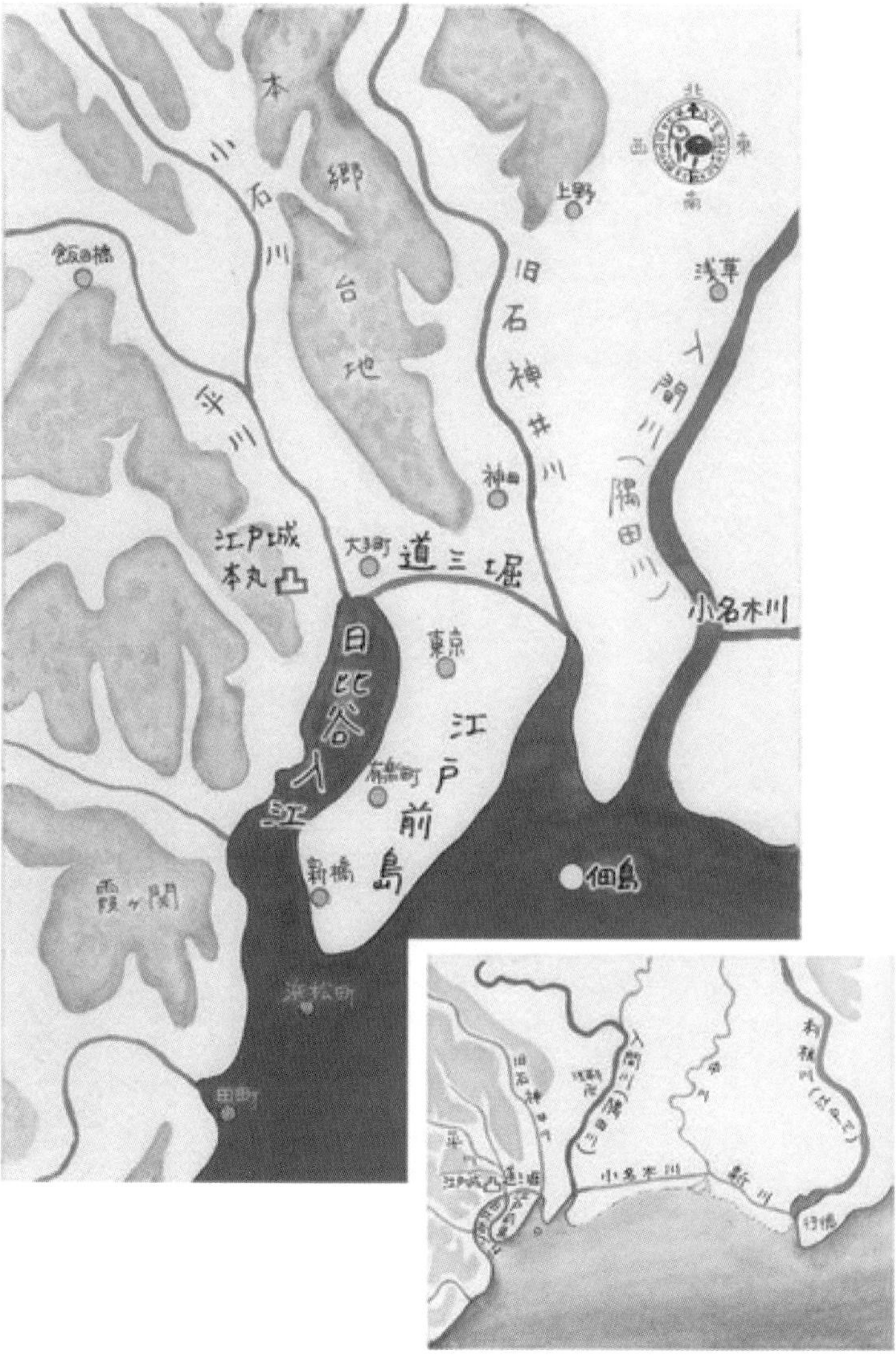
北
西
東
南
本郷台地
小石川
平川
飯田橋
上野
浅草
旧石神井川
入間川（隅田川）
神田
江戸城本丸
大手町
道三堀
小名木川
東京
日比谷入江
江戸前島
新橋
佃島
霞ヶ関
浜松町
田町
旧石神井川
入間川（隅田川）
小名木川
新川
利根川（江戸川）
行徳

画／北村さゆり

第一章●徳川家康 戦国を終焉させた天下人の仕事編（江戸前島）

秀吉から命じられた江戸移封。家康が取り組んだ王道の街づくり

家康四十九歳の江戸移封
東京駅八重洲北口にキリシタン墓
ヤン・ヨーステンと江戸
都心に残る江戸の土塁

家康の頃の面影をかすかに残す日比谷公園の心字池

紀尾井町に残る江戸初期の土塁

1km
JR総武線
小山弓具店
靖国通り
隅田川
靖国神社
JR中央線
首都高
神田駅
千鳥ケ淵
小津和紙
四ツ谷駅
丸の内一丁目遺跡
日本橋
喰違見附
皇居
東京駅
北町奉行所跡
迎賓館赤坂離宮
八重洲北口遺跡
国会議事堂
日比谷公園
中央大橋
晴海通り
佃公園
日比谷見附跡
佃大橋
有楽町一丁目遺跡
JR東海道新幹線
石川島灯台
JR山手線
石川島資料館
増上寺
東京タワー
浜離宮恩賜庭園

日暮里駅
荒川
江戸川
JR総武線
3km
JR山手線
両国駅
亀戸駅
新小岩駅
西船橋駅
船橋駅
首都高
皇居
砂村新田跡碑
JR京葉線
東京駅
新港大橋
葛西橋
浜離宮恩賜庭園
ふなばし三番瀬海浜公園
清砂大橋
東京湾

秀吉が江戸を与えた理由

徳川家康が関東への移封《いほう》を命じられたのは天正《てんしょう》十八年（一五九〇）七月、四十九歳の時である。

駿河《するが》、遠江《とおとうみ》、三河《みかわ》、甲斐《かい》、信濃《しなの》の旧領に替えて、小田原北条氏の勢力圏だった関東八か国の大半を与えられ、江戸に居城を築くことにしたのだった。

そのいきさつについて『徳川実紀《とくがわじつき》』は次のように伝えている。

小田原城がまだ落城する前、家康が織田信雄《おだのぶかつ》（信長次男）と笠懸山《かさかけやま》（石垣山《いしがきやま》）の陣所にいた時、秀吉が小田原城内がよく見える山の端まで二人を連れて行った。

そうしてしばらく眼下を見渡し、戦《いくさ》の状況を語り合っていたが、ふいに、秀吉がこうたずねた。

「この城が落ちたなら、建物ごと徳川どのに差し上げようと思っておるが、貴殿はここに住むべきと思われるか」

その問いに家康はこう答えた。

「先々のことは分かりませんが、転封《てんぽう》を命じられたなら取りあえずこの城に住むしかないものと存じます」

「いや、それはよろしくあるまい。この地は関東の咽喉《のど》元に位置する大事な場所なので、重臣のうち軍略に通じた者に守らせ、貴殿はこれより東の方にある江戸という所に本城を定められるがよい。地図で見たところ、実に優れた立地のようだ」

秀吉はそう勧めたばかりか、

「やがて小田原の片がついたなら、奥州まで征伐しようと考えている。その折に江戸の城に立ち寄るので、後のことは重ねて相談しよう」

そう言って承知させたので、転封のことも江戸を居城にすることも、この時に決まってしまった。これを聞いた重臣たちは、あまりの事に驚嘆したという。

また秀吉は大久保忠世《おおくぼただよ》を呼び、「汝《なんじ》は徳川家の股肱《ここう》の臣なので、小田原城に箱根山を添えて拝領せよ」と申し付けた。

このために大久保家は代々この城を守ることになったが、秀吉がこんな計らいをしたのは徳川家のことを思ってのことではなく、徳川家との合戦になった時、忠世を身方《みかた》に引き入れようと考えたからだった。

こうして家康は関東の僻地《へきち》に追いやられたというのが、徳川家の公式記録と言うべき『徳川実紀』の見解だが、はたしてこれは事実なのだろうか。

江戸は本当に寒村だったのか

秀吉は家康の力を削《そ》ぐために駿遠三甲信の五か国を没収し、だだっ広いだけの未開の地である関東に追いやった。これまで一般的にはそう考えられてきた。

それは『実紀』の記述にも色濃く出ているし、当時の江戸城はいかにも粗末で、城下には茅《かや》葺《ぶ》きの家が百軒ばかりしかなかったと記した史料もある。

ところがこれは、茅《かや》や蒲《がま》が生い茂る湿原を大都市に発展させた家康の見識の確かさや、労苦をいとわなかった徳川家臣団の働きを美化するために作られた物語だという説も近年では多い。

いったい本当のところはどうだったのか。我々は実像に一歩でも近付こうと、コンクリートジャングルと化した東京の中にわずかに残る江戸の痕跡《こんせき》を求めて、新たな旅を始めたのだった。

最初に訪ねたのは、ふなばし三番瀬《さんばんぜ》海浜公園だった。

今回の取材で指導をお願いしている東京藝術大学大学院の水本和美先生に、「昔の東京湾の景観をしのぶことができる数少ない場所です」と教えていただいたからである。

大田区の自宅から東京湾沿いの高速道路を走り、一時間ほどで目ざす公園に着いた。三番瀬とは公園の南側に位置する東京湾最奥部の約千八百ヘクタールにわたる浅い海域（水深五メートル未満）のことである。

テニスコートや噴水広場、バーベキューエリアなどがある公園を通って海辺に出ると、砂浜と遠浅の海が広がり、砂浜には防風林の松が列をなしている。

湾奥の海は波がおだやかで、干潮になると沖まで干潟となって潮干狩りを楽しむことができる。古くからスズキ、カレイ、アサリ、ノリなどの漁場となっていて、豊かな餌《えさ》を求めてハマシギ、ミヤコドリ、コアジサシなどの野鳥が訪れることでも知られている。

初めて見たミヤコドリ（ユリカモメ）は案外大きく、くちばしの長い獰猛《どうもう》な顔付きをしている。この赤いくちばしで干潟にもぐっている小魚や貝を捕獲《ほかく》するのだろう。

名にしおはば　いざ言問《こと》はむ都鳥《みやこどり》
わが思ふ人は　ありやなしやと

『伊勢物語』に記された在原業平《ありわらのなりひら》の歌は、武蔵国《むさしのくに》と下総国《しもうさのくに》の境にある隅田川のほとりにいたミヤコドリを見て詠んだものだ。

歌の印象からもっと可憐《かれん》な鳥かと思っていたが、自然の中ではこれくらい強くなければ生きていけないのだろう。現在と江戸時代以前ではミヤコドリの種類が違うというが、その頃はもう少したおやかな姿をしていたのだろうか。

海の右手には森と市街地が続き、その向こうに富士山が意外なほど大きく見える。以前千葉の館山《たてやま》に行った時、東京湾の向こうに見える富士山の大きさと近さに驚いたものだが、江戸湾の面影を残す三番瀬からの景観は特別に感慨深かった。

葛飾北斎《かつしかほくさい》の『冨嶽《ふがく》三十六景』の中に「隅田川関屋《せきや》の里《さと》」や「武陽佃嶌《ぶようつくだじま》」があり、江戸湾の向こうに浮かぶ富士山を描いているが、その景色にきわめて近い。江戸の人たちはこんなに豊かな景色の中で暮らしていたのかと、うらやましいほどだった。

公園の中には三番瀬環境学習館があり、三番瀬の自然と漁業などを体験的に学べるように工夫がこらしてある。

その中に「触れる地球」があり、大陸移動によって五大陸ができたり、日本列島がユーラシア大陸から分離した時の様子が時間の経過とともに分かる。

取材の目的とは少し離れるが、これにはハマってしまった。二年前にシルクロードの取材に行き、標高約一千メートルのタクラマカン砂漠がかつて海の底であり、雨が降ると塩田のように塩におおわれるのを見て不思議でならなかったが、「触れる地球」のおかげで謎が解けたのだった。

地形は時代とともに変化する。人間の営みもそれにつれて変わっているので、地形の変化を正しく把握していないと歴史の解釈を間違えることになりかねない。

それは江戸や江戸湾についても言えることで、岡野友彦氏の『家康はなぜ江戸を選んだか』

（教育出版）を参考にして、その概略《がいりゃく》をふり返っておきたい。

今から六千年ほど前の縄文海進《かいしん》の時代には、東京湾は埼玉県川口市のあたりまで湾入し、さいたま市の浦和や大宮が位置する大宮台地によって東西に分けられていた。

やがて寒冷化によって海進の時代が終わり、海岸線が南に後退していくと同時に、東の古利《こと》根川《ねがわ》、西の古荒川《こあらかわ》が押し流した土砂が積もり、海は次第に低湿地になっていった。

古利根川は一直線に東京湾に流れ込み、何度も洪水の被害をもたらすと同時に、上流の肥沃《ひよく》な土砂を運ぶことで豊かな平野を作り上げた。

また上流の関宿《せきやど》（千葉県野田市）で霞ヶ浦《かすみがうら》にそそぎ込む常陸川《ひたちがわ》と近接（合流していたとの説もある）していたために、江戸湾と霞ヶ浦、奥州とを結ぶ水運《すいうん》の大動脈の役割をはたしていた。

しかも江戸湾には、伊勢や熊野と盛んに交易をしている重要な港があった。それが目黒川《めぐろがわ》の河口にひらけた品川だと、岡野氏は説いておられる。

その有力な資料のひとつが、金沢《かなざわ》文庫に残された「湊船帳」で、明徳《めいとく》三年（一三九二）の一月から九月までに品川に寄港した船について船名、船主《ふなぬし》、問丸《といまる》（廻船《かいせん》業者）を記録している。

その数は三十艘《そう》で、船名や船主の名の多くが伊勢市大湊《おおみなと》の近くの地名に由来する。

どの船も問丸の支配下にあり、荘園の年貢や商品の輸送を請け負っていたのだから、この頃から伊勢と江戸を結ぶ航路があり、活発に交易が行なわれていたということだ。

これには伊勢神宮領の荘園である御厨《みくりや》、御園《みその》が関係しているらしい。そうした荘園からの年貢を運んだり、荘官や神宮所属の御師《おし》たちが往来するために、安定した航路が必要だったのである。

「湊船帳」が書かれた二百年前。源頼朝《みなもとのよりとも》が征夷大将軍《せいいたいしょうぐん》に任命された建久《けんきゅう》三年（一一九二）には、伊勢神宮の御厨、御園のうち六十六か所が関東、東海地方に分布していたという記録があるので、それ以前から伊勢と江戸は密接な関係にあったということだ。

『義経記《ぎけいき》』には、房州《ぼうしゅう》に逃れていた源頼朝が再起して鎌倉に向かう時、江戸重長《えどしげなが》が浅草石浜に寄港していた西国《さいごく》の船数千艘をつないで船橋《ふなばし》を組み、隅田川の渡河を手伝ったと記されている。

数千艘は大げさだとしても、それほど盛んに船の往来があったと記しても不自然ではなかったのだろう。

しかも江戸湾は利根川、霞ヶ浦水運によって奥州ともつながっていて、奥州と畿内の交易の結節点だったのだから、決して関東の寒村などではなかったのである。

実は私の家の近くにある六郷神社は、源頼義《みなもとのよりよし》、義家《よしいえ》父子が前九年《ぜんくねん》の役《えき》に出征する時、軍勢を募った所だと伝えられている。

奥州征伐に行く軍勢がなぜこの地に集うのか長年解せなかったが、当時は江戸湾から霞ヶ浦を抜けて奥州に向かっていたと知って、疑問が氷解したのだった。

東京駅八重洲北口から出土したキリシタン墓

東京駅で水本和美先生と合流した。

専攻は考古学や陶磁史で、発掘した陶磁器の破片などから年代比定をする研究をしておられるという。

「今は陶磁器の年代比定が精密になっているので、それを使って破片が埋まっている地層がいつの時代のものか分かります」

陶磁器や土器によって年代を決定する研究は年々進化し、火災や地震の痕跡など、年代の分かる地層との組み合わせで遺跡の年代がかなり正確に分かるようになったという。

江戸の発掘についてては詳しくないので、初歩的な質問をしてわずらわせるのではないかと案じていたが、先生は気さくに応じて下さるのでひと安心である。しかも担当編集者のI君の大学の後輩だというので、ずいぶん距離がちぢまった気がした。

まず案内してもらったのは八重洲《やえす》北口の北町奉行所《ぶぎょうしょ》の跡だった。といっても巨大なビルの間にわずかな空地があり、奉行所の石垣が移転して保存されているばかりである。

東京駅の東側に南北に走る外堀通りは、かつて江戸城西の丸下の外堀があった所で、堀の外側には町人の居住地が広がっていた。そこで幕府は堀の内側に北町奉行所と南町奉行所を置き、城下の治安維持に当たらせたのである。

「興味深いのは、二・七メートル下の地層からキリシタン墓が発見されたことです。体を伸ばした形で棺《ひつぎ》に入れられていた遺骨や、キリシタンの証であるメダイ（メダル）が見つかりました」

「それはヤン・ヨーステンと関係のある人でしょうか」

私はそうたずねた。八重洲の地名はオランダ人ヤン・ヨーステンの屋敷があったことに由来するという説がある。彼に類縁ある者の遺骨ではないかと思ったのだった。

「ところが地層は一五九〇年代から一六〇〇年代のものなのです。家康が関東に入封《にゅうほう》する前にこの地に住んでいた人だという可能性もあります」

「北条氏の支城の頃ということでしょうか」

「その可能性もあります。小田原北条家も案外西国を通じた交易をしていたようで、八王子《はちおうじ》城《じょう》からはヴェネチアグラスの破片が出土しているのです」

「南蛮貿易に関わっていたということですか」

「そう考えることもできると思います。それに寛永《かんえい》期に造られた外堀の下から、障子堀《しょうじぼり》の堀の跡が発見されています」

「それは北条家が造ったものですね」

「ええ。箱根の近くの山中城《やまなかじょう》の例でも分かるように、小田原北条家は障子堀をよく使っていますので、その可能性もあります」

それを聞いて腑《ふ》に落ちることがいくつもあった。

家康が入封した頃の江戸城は、太田道灌《おおたどうかん》が築いた古い城のままだと考えられがちだが、関東の覇者だった北条家が百年も前の粗末な城をそのままにしておくはずがない。

先にも見たように江戸湾は奥州と畿内を結ぶ水運の要地で、「西国の船数千艘」が出入りしていたのだから、関銭《せきせん》（関税）や津料《つりょう》（港湾利用税）を徴収するためにも、港湾設備とそれを守るための城を整備していただろう。

それに北条家も南蛮貿易とリンクして、火薬の原料である硝石《しょうせき》や弾を作る鉛を入手しなければ鉄砲を使えないのだから、西国との安定した交易ルートを確保していたはずである。

そうした交易に従事していたのは、「湊船帳」に記された伊勢や熊野の船主や問丸の子孫たちだったのではないか。彼らは伊勢神宮の力を背景として廻船の自由を獲得《かくとく》し、雑賀《さいか》（和歌山県）の一向一揆《いっこういっき》とつながることで硝石や鉛を入手していたのではないか。

キリシタン墓や障子堀の跡は、そうした想像を可能にする力を秘めている。家康が江戸を本拠地としたのは、北条氏が築いたにぎわいをそっくり受け継ぐためだったのである。

本能寺の変以降の家康

徳川家康の関東経営の足跡をめぐる旅に入る前に、なぜ豊臣秀吉は小田原征伐を決行し、家康を関東に移封《いほう》したのかについて概略をのべておきたい。

発端は本能寺の変だった。

天正《てんしょう》十年（一五八二）三月、武田勝頼《たけだかつより》を滅ぼした織田信長は、甲斐《かい》を河尻秀隆《かわじりひでたか》、上野《こうずけ》を滝川一益《たきがわかずます》、信濃《しなの》を森長可《もりながよし》らに治めさせた。

ところが六月に起こった本能寺の変で信長が討ち取られ、上杉景勝《うえすぎかげかつ》や北条氏政《うじまさ》が申し合わせたように織田領に攻め込んで来たために、河尻は討死《うちじに》し、滝川、森らは本領に逃げ帰った。

これを見た家康は甲斐や信濃を確保しようと軍勢を出し、上野から甲斐へと侵攻してきた北条氏直《うじなお》（氏政嫡男《ちゃくなん》）と激戦をくり返した。

そして三倍近い北条勢を圧倒して氏直を若神子《わかみこ》城に押し詰め、甲斐、信濃は家康、上野は北条の支配とするという有利な条件で和を結んだ。

この時家康次女の督姫《とくひめ》と氏直の縁組も決め、両家の結束を強めることにしたが、この取り決めに上野の沼田領を領していた真田昌幸《さなだまさゆき》が異をとなえ、沼田城に立てこもって北条勢と戦い続けた。

天正十四年になると、家康は上洛《じょうらく》して秀吉に臣従し、北条家を服属させるために氏政か氏直を上洛させるように命じられた。

そこで家康は娘婿《むすめむこ》の氏直に働きかけたが、秀吉に不信を持つ氏政は、沼田領をめぐる真田との争いを解決しなければ上洛に応じられないと言い出した。

天下統一を急ぐ秀吉はこの要求を受け容《い》れ、沼田領の三分の二を北条家に、残りの三分の一を真田家に与えるという裁定を下した。両家ともこれを承諾して、北条家は沼田城を、真田家は名胡桃《なぐるみ》城を拠点にすることにした。

所領の分割は天正十七年七月に無事に終わり、仲介役をはたした家康はほっと安堵《あんど》の胸をなで下ろしたが、十一月早々に思いもかけない事件が起こった。

沼田城主となった猪俣邦憲《いのまたくにのり》が真田勢といさかいを起こし、名胡桃城を乗っ取ったのである。

これは秀吉の裁定を無視し、天下統一のために発した惣無事令《そうぶじれい》にも背《そむ》く重大な違反行為だった。

報告を受けた秀吉は激怒し、五か条の弾劾《だんがい》状を北条家に送り付けて小田原征伐を決行した訳だが、この事件には不可解なところが多い。

リーフデ号でやってきたヤン・ヨーステン

真田昌幸は北条勢が名胡桃城を乗っ取ったので、奪い返すために出陣したと主張している。

ところが沼田城の猪俣は、真田方から上杉勢が攻めてくるので援軍を出してくれと頼まれて名胡桃城に入ったところ、暗がりからいきなり攻撃されたので反撃しただけだと、小田原城に報告しているのである。

北条氏政、氏直父子もこの言い分を是《ぜ》とし、秀吉に取り成してくれるように家康に頼んでいる。ところが秀吉はこれを無視し、主謀者の猪俣を引き渡すように強硬に迫ったために、北条家も態度を硬化させたのだった。

おそらくこれは、北条家ばかりか家康の転封《てんぽう》まで視野に入れた、秀吉の罠《わな》だったと思われる。北条家の違反をでっち上げれば、征伐の大義名分が立つばかりではない。仲介役の家康の落度を責めて転封させることができるのだから、一石二鳥である。秀吉はそう考えて、長年手なずけていた真田昌幸にひと芝居打たせたのだろう。

通説では、秀吉が家康の転封を決したのは小田原城を攻め落とす直前だと言われている。石垣山《いしがきやま》で立ち小便をしながらそれを告げたなどというが、それは講談や軍記物の世界の話である。

家康の重臣である松平家忠《まつだいらいえただ》は、小田原城包囲後の六月二十日の日記（『家忠日記』）に、「国替《がわ》り近日の由《よし》候」と記しているので、転封はかなり前から覚悟の上だったと思われるのである。

秀吉のこうしたやり方に対する反感が、『徳川実紀《とくがわじつき》』に記されたような無理やり関東の僻地《へきち》に追いやられたという伝承になったのかもしれない。

＊

我々は八重洲《やえす》北口の遺跡を見て、外堀通りを南に向かって歩いている。

外堀が整備されて鍛冶橋門《かじばしもん》や数寄屋橋門《すきやばしもん》が設置されたのは、徳川家光《いえみつ》が将軍だった寛永《かんえい》十三年（一六三六）のことだ。

ところが外堀通りに面した丸の内一丁目遺跡（現リクルート東京本社ビル）からは、北条家が築いたと思われる障子堀《しょうじぼり》の跡が発掘されたのである。

「同じ場所から土留《どど》めに用いたと思われる杭列《くいれつ》と竹しがらみも発見されました。細い丸竹を杭の前後にからめて面を作ったものです」

水本和美先生が歩きながら説明して下さった。

あたりは高層ビルが建ち並び、通りには結構なスピードで車が行き交っている。見慣れた大都会の風景だが、地下には小田原北条氏の城の遺構が眠っていたのである。

「家康の頃までの江戸城の歴史は、おおまかに五期に分けられます。第一期は秩父《ちちぶ》平氏の一族が江戸郷《えどごう》に住みつき、江戸氏と名乗って周辺を支配した頃で、鎌倉時代から室町時代までです。江戸氏は浅草あたりから江戸前島《まえじま》一帯に勢力を張り、水運や漁労に従事する武士団だったと考えられています」

第二期は、太田道灌《おおたどうかん》が江戸城を築いた康正《こうしょう》二年（一四五六）から、道灌が主君である扇谷《おうぎがやつ》上杉定正《うえすぎさだまさ》に刺殺される文明《ぶんめい》十八年（一四八六）まで。

第三期は、扇谷上杉氏が江戸城に入り、小田原北条氏（以下北条氏）に攻略される大永《だいえい》四年（一五二四）まで。

第四期は、その年から北条氏が秀吉に滅ぼされる天正十八年（一五九〇）まで。

第五期は、小田原征伐後に家康が関東に入封《にゅうほう》し、江戸城を居城として整備を進めた時代である。

「北条氏が江戸城を拠点としたのは六十六年間ということになりますね。その頃の様子は分かっているのでしょうか」

私も歩きながらたずねた。

「残念ながらほとんど分かっていません。しかし太田道灌時代の様子は、万里集九《ばんりしゅうく》という禅僧が記した『梅花無尽蔵《ばいかむじんぞう》』からうかがうことができます」

収録された「静勝軒銘詩《せいしょうけんめいし》 幷《ならびに》 序」などの詩文によると、江戸城の様子は次のようだったという。

城は子城《しじょう》（本丸）、中城《なかじょう》（二の丸）、外城《とじょう》（三の丸）から成り、二十か所の櫓《やぐら》と五か所の石門があった。

城のまわりには土塁《どるい》や堀が巡らされていて、断崖《だんがい》には橋がかけられていた。

中城には静勝軒と名付けた道灌の館《やかた》や家臣の詰所があり、城内には五十六か所もの井戸があって干ばつがあっても干上がることはなかった。

この頃の城は、家康時代の江戸城の本丸、二の丸に立地していたと考えられている。

そして、北条氏の時代になると、外堀通りに障子堀を築くほどに整備、拡張していた可能性が出てきたのである。

ちなみに『徳川実紀』は、関東に入封した頃の江戸城について次のように伝えている。

〈本丸より二、三丸まで古屋《ふるや》残れり。多くはこけらぶきはなく。みな日光そぎ飛州《ひしゅう》そぎなどいうものもてふけり。中にも厨所の辺は萱茨《すげいばら》にていとすすけたり〉

日光そぎ飛州そぎとは、日光杉や飛驒《ひだ》杉の杉板のことだと思われる。

ところが水本先生たちの調査によって、丸の内一丁目遺跡から大量に出土した木端材は、柿《こけら》葺《ぶき》の屋根材だと判定された。コンクリートの地面の下から、『徳川実紀』には描かれていない江戸が姿を現したのだった。

「あっ、そうだ」

水本先生は突然立ち止まり、先にヤン・ヨーステンの像を見に行きましょうと、東京駅地下街に入って行かれた。

おかしランドの近くにあるということだったが、地下街は人の往来が激しく、落ち着いて場所を確かめることもできなかった。

田舎育ちの私は遠くに山が見えないと西も東も分からなくなる質《たち》だが、水本先生にも似たところがあるようで、はてさてどちらだったかしらと思い悩んでおられる。

仕方なく案内所にたずね、ようやくヤン・ヨーステン記念像にたどり着いた。大きな目をばっちりと見開いた頭像で、台座にオランダ人のヤン・ヨーステンと家康の関係、八重洲の地名が彼の名前に由来することなどが短く記されている。

彼は慶長《けいちょう》五年（一六〇〇）にリーフデ号で豊後《ぶんご》に漂着し、外交や貿易の顧問《こもん》として家康に仕えた。家康がスペインと断交してオランダと良好な通商関係を築いたのは、ヨーステンの進言によるものと思われる。

「江戸湾の干拓《かんたく》や利根《とね》川《がわ》の付け替え工事などは、家康がヨーステンからオランダの干拓事業のことを聞いて、参考にしたのかもしれません」

水本先生の説明を聞いて、なるほど、そうかもしれないと思った。両者を詳細に比較して共通点が見つかったなら、当時の日本が大航海時代の真っただ中にいたことを、誰もが実感できることだろう。

＊

外堀通りから離れ、日比谷《ひびや》公園に向かった。

正面に東京ミッドタウン日比谷の巨大なビルがある。二〇一八年に開業した、ショッピングモールを中心とした複合施設である。

建設に先立って行なわれた発掘調査で、有楽町一丁目遺跡が発見された。遺跡は中世と近世が層をなしていて、中世には日比谷入江の東岸に位置していた。

「江戸前島の西岸ということになります。ここから外桜田門《そとさくらだもん》のあたりまで、幅五百メートルばかりの入江がありました。入江の深奥部は二の丸の大手門《おおてもん》あたりだったと考えられています」

東京の地下に眠る歴史の跡

江戸前島の付け根も大手門のあたりで、先端は浜離宮《はまりきゅう》のあたりまで伸びていたと推測されているので、その長さは二千五百メートル近い。前島の中央部の海抜は二メートルくらいだったという。

「中世の頃には入江に面した町があったのでしょう。遺跡からは井戸や溝、土坑《どこう》や陶磁器などが見つかっています。土坑墓《どこうぼ》もたくさんありました」

土坑墓とは土に掘った穴に遺体を埋める形式の墓だが、どうして西向きの低湿地に墓を作ったのだろうか。そう考えていて、安房国《あわのくに》一の宮の安房神社に取材に行った時のことを思い出した（『日本はこうしてつくられた』第六章所収）。

近くの洞穴が墓地として利用され、船形の棺《ひつぎ》が西の海を向いて安置されていたのである。あるいは中世の前島に住んでいた人々は、洞穴に安置された人たちと由来や習慣を同じくしていたのかもしれない。

「近世の遺跡からは、譜代《ふだい》大名の屋敷跡が発見されました。藤井松平家の屋敷があった所で、金箔《きんぱく》瓦や装飾部材も出土しています。明暦《めいれき》の大火（一六五七）で罹災《りさい》した陶磁器類も数多く発掘されました」

そうした品々からは、江戸初期の大名たちの豪華な暮らしぶりがうかがえるという。時は高度経済成長時代。関西では金碧《きんぺき》障壁画が象徴する安土桃山文化の花が咲き誇っていた頃だが、爛熟した文化や経済の影響は江戸にも及んでいたのである。

ところがそうした豪華な建築は明暦の大火で消失した。

その後、江戸の町はさらに広い範囲に拡大していく。災害の層の上にも、新たな暮らしの跡が見つかるのである。

「凄《すご》いですね。東京というコンクリートジャングルの下には、今でも昔の人々の暮らしの跡が眠っているんですね」

私は水本先生の話を聞いて目を開かれる思いがした。東京に四十四年も住んでいながら、そんな風に考えたことはなかったのである。

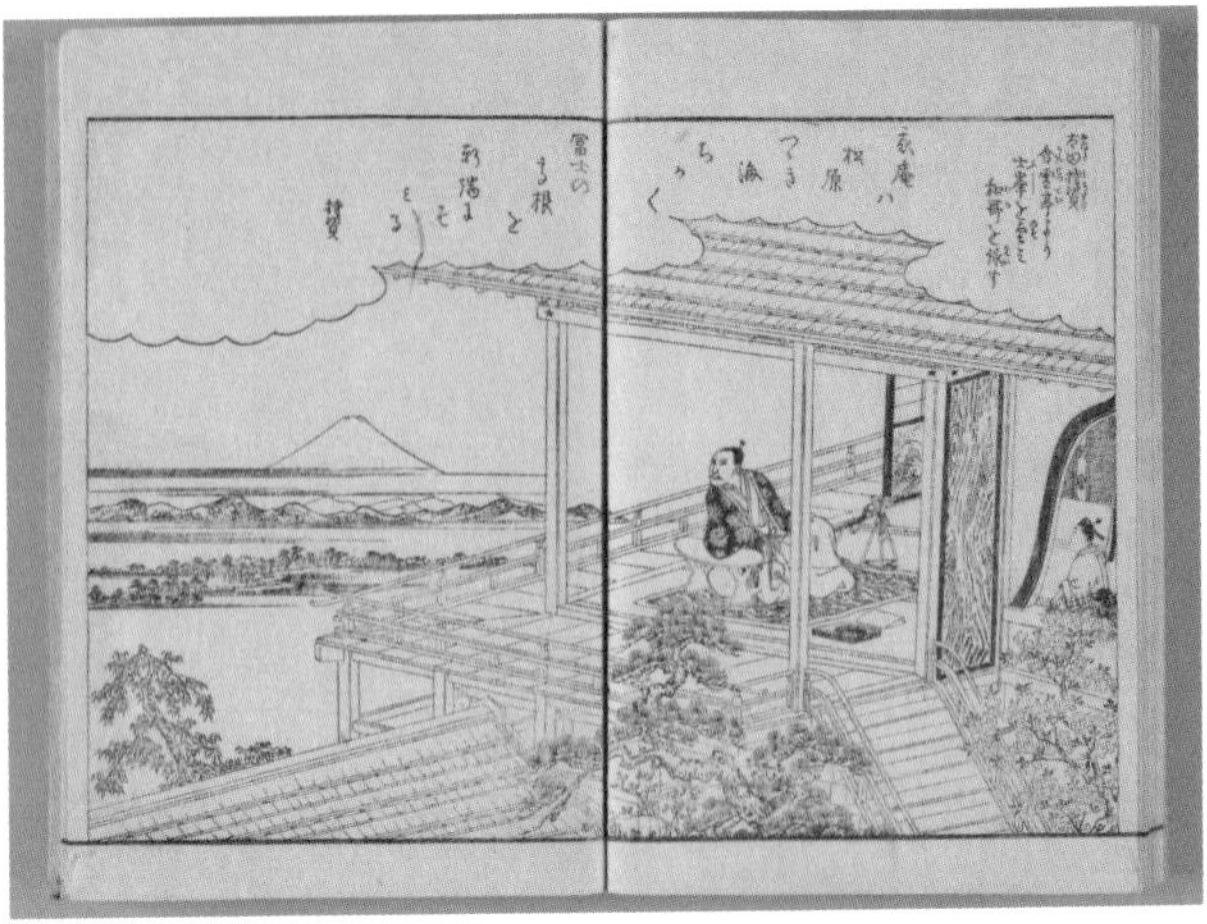

『江戸名所図会』に描かれた静勝軒。太田道灌が造営した望楼式楼閣（東京都立中央図書館蔵）。

ヤン・ヨーステン像。「八重洲」の地名の由来となった人物の像は東京駅八重洲地下街の中にひっそりと存在する。

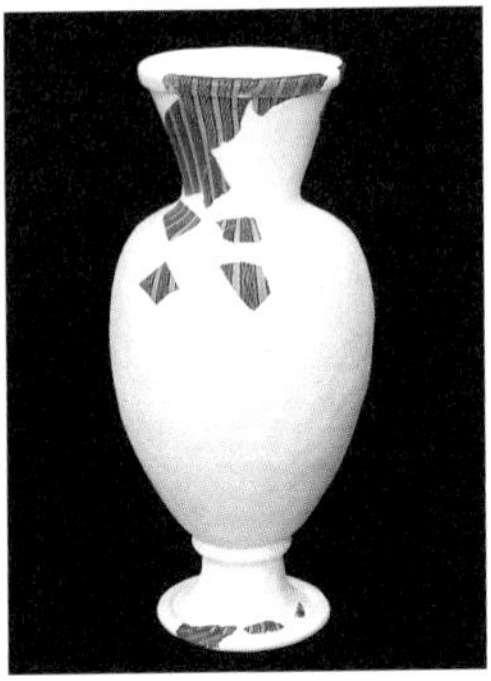

八王子城跡から出土したヴェネチア産レースガラス器。

千葉県船橋市の三番瀬海浜公園から見た東京湾。かつて江戸にあった日比谷入江をイメージできる場所。現在の浜松町駅などは日比谷入江の中にあった。

日比谷公園心字池。家康入府時に存在した「日比谷入江」という海面や湿地だった頃の面影を残す。入江を埋め残し、濠として機能させていたものを明治の公園造営時に池として整備した。

「そうなんですよ。だから工事現場の近くを通ると、つい中をのぞき込む癖がついちゃったんです」

日比谷公園の入口には、移築された日比谷門跡があった。熊本藩主の加藤忠広《ただひろ》（清正《きよまさ》の子）と、仙台藩主の伊達政宗《だてまさむね》が築いたもので、切込接《きりこみは》ぎの立派な石垣である。江戸城の天下普請《てんかぶしん》は、諸大名に持ち場を割り当てていたが、門は一番目立つ所なので、どの大名も家の面目をかけて築いたのである。

門を入ると心字池《しんじいけ》がある。これが今に残る日比谷入江の唯一のなごりだという。

「池に沿って続く石垣は、日比谷門と山下門の間にあった城壁を移築したものです。こうした形で少しでも残してくれて良かったと思います」

日比谷公園を南に下がり、新橋駅近くの幸橋門《さいわいばしもん》跡と虎の門を結んだ線に、かつて外堀が設置されていた。外堀はさらに溜池山王《ためいけさんのう》、赤坂見附《あかさかみつけ》、喰違見附《くいちがいみつけ》（喰違橋門）跡、四谷門《よつやもん》跡へと続く。

我々は外堀通りを車で走り、喰違見附跡に行った。外堀通りにかかる土橋が紀尾井坂《きおいざか》につらなり、ホテルニューオータニの前へ続いている。

紀尾井坂の名前は、界隈《かいわい》に紀州、尾張、彦根《ひこね》（井伊家）藩の屋敷があったことに由来するもので、江戸城の中でも重要な防衛拠点だったことがうかがえる。

「ところが江戸城の門の中でここだけが石垣ではなく、土塁を残したままなのです。土塁を喰い違いに伸ばし、道をジグザグにして敵の進入をはばむ、戦国期以来の古い虎口《こぐち》を残しています」

これは小田原北条家の頃の城のなごりかもしれない。水本先生ら研究者の中にはそう考えておられる人もいる。

その頃にも八王子方面から江戸城に達する主要な道があって、喰い違いの土塁を配して守りを固めていたのかもしれない。

日比谷入江埋立は天下普請

天正十八年（一五九〇）に徳川家康が関東に入封《にゅうほう》した頃、江戸はどのような状態だったのか。我々はその姿を知りたくて旅を続けている。

今回も東京藝術大学の水本和美先生に案内していただき、日本橋本町《ほんちょう》の小津和紙《おづわし》、神田須田町《すだちょう》の小山弓具店、石川島資料館を訪ねたが、その詳細に入る前に当時の江戸城の地形についてふり返っておきたい。

江戸は火山灰が降り積もってできた関東ローム層に立地している。その柔らかい大地が北東から日比谷《ひびや》入江に流れ込む平川《ひらかわ》や、西から流れる千鳥ヶ淵《ちどりがふち》川などによって浸食《しんしょく》され、河岸段《かがんだん》丘《きゅう》を形成していた。

中でも千鳥ヶ淵川は、浸食しやすい地面を求めて蛇行《だこう》し、いくつかの高台と深い谷からなる地形をなした。

太田道灌《おおたどうかん》はこの地形を生かし、高台を本丸や二の丸などの曲輪《くるわ》とし、谷を堀として強固な江戸城を築いたのである。

高台の崖《がけ》を段丘崖《だんきゅうがい》と呼ぶが、その高さは三十メートル近かったと想定されている。それがほぼ垂直に切り立っているのだから、難攻不落と謳《うた》われたのもむべなるかなである。

当時の江戸城の様子を想像するには、岩手県の九戸城《くのへじょう》跡を訪ねるといいのではないだろうか。九戸政実《まさざね》の乱の舞台となったこの城は、馬淵《まべち》川沿いの河岸段丘に立地し、支流の浸食によって出来たいくつもの曲輪《くるわ》と堀を形成し、敵の侵入をはばんでいる。

その姿は江戸城の原風景とよく似ているのである。

道灌の城はやがて北条家に受け継がれ、六十六年の間関東支配と東国流通の拠点とされたが、城の地形まで変えるような大規模な工事はなされなかった。

それが可能になったのは、家康が征夷大将軍《せいいたいしょうぐん》となって幕府を開き、諸国の大名に命じて天下普請《てんかぶしん》を行なったからだ。

曲輪の高台を削り、日比谷入江を埋め立てて広大な平坦地《へいたんち》となし、総石垣によって囲まれた近代的な城と城下町を築いた。

日比谷入江を埋め立てるために、平川の東にあった神田山《かんだやま》を掘り崩し、その土を運んだほどの大工事で、今日の東京の基礎ができ上がったのである。

同時に平川の付け替えや道三堀《どうさんぼり》の開削がなされ、流路沿いに大伝馬町《おおてんまちょう》、小伝馬町などが設置されて幕府の伝馬役《てんまやく》をつとめることになった。

江戸の歴史を老舗で確認する

大伝馬町は現在の日本橋本町あたりである。江戸の大改造によって隅田川《すみだがわ》や江戸川（旧利根《とね》川《がわ》）の水運や流通と結びついたことが、日本橋を日本有数の商業の町にしたのだった。

小津和紙はこの地で承応《じょうおう》二年（一六五三）から紙店を営む、東京では最古の老舗のひとつである。

昭和通りに面した本社ビルの一階には、「和紙ができるまで」を展示したコーナーがあり、楮《こうぞ》を原料とした手漉《てす》き和紙の実演をしている。

三階には「小津史料館」があり、三百六十余年にわたる史料が展示してある。マネージャーの西本幸宏さんと史料館の館長である松浦節也さんに案内していただいた。

「創業した小津清左衛門長弘《せいざえもんながひろ》は、伊勢の松阪《まつさか》で寛永《かんえい》二年（一六二五）に生まれました。先祖は伊勢国司北畠家の一族である木造《こづくり》家に仕えていましたが、長弘の父長継《ながつぐ》の代に武士を捨て、松阪西町に住んで商人になりました」

長継は慶長《けいちょう》五年（一六〇〇）前後に生まれていると思われるので、あるいは関ヶ原の戦いで生家が西軍に属して没落したのかもしれない。

そこで松阪に出て商人となり、捲土重来《けんどちょうらい》を期したのではないだろうか。

長継は商人としてある程度の成功をおさめたようで、息子の長弘を親戚の呉服商に預けることができた。長弘は十五歳の時に目代《もくだい》として江戸店《えどだな》に勤めるようになるが、三年後の寛永十九年（一六四二）に店をやめて郷里に帰った。

どうやら呉服商のやり方になじめなかったようで、翌年三月には再び江戸へ出て大伝馬町で紙問屋を営む佐久間善八の店に奉公することになった。

「佐久間善八は町の草創名主《くさわけなぬし》に任じられ、あたり一帯に拝領地を持つ有力者でした。この店に奉公したことが、和紙と関わるきっかけになったのです」

江戸城下の町造りを押し進める幕府は、諸国から商人や職人を呼び集め、町を造らせて定住するように仕向けた。

大伝馬町にも伝馬の役を命じる一方、商人の町としての育成を進め、伊勢商人を中心とする木綿問屋などが軒を並べるようになった。

佐久間善八の出自は明らかではないが、おそらく徳川家や伊勢松阪に縁のある商人で、紙問屋を営むかたわら町の運営にたずさわったのだろう。

当時は町奉行《まちぶぎょう》、町年寄《まちどしより》、町名主《まちなぬし》の順で幕府の法令や指示が伝達されていたので、名主の持つ権限は大きかった。

善八と同様に大伝馬町の草創名主に任じられた馬込平左衛門《まごめへいざえもん》（勘解由《かげゆ》）は、遠江《とおとうみ》の馬込村（浜松市中区馬込町）に生まれ、家康に仕えて兵站《へいたん》をになっていた。

そして家康の関東入封に従って江戸に住むようになり、伝馬役、名主役に任じられているので、善八も似たような立場だったと思われる。

「長弘はこの店で懸命に働き、主人に見込まれ、同輩や得意先からも信頼されるようになりました。そして九年たった時、大きなチャンスが訪れたのです」

善八の店の隣で紙店を営む者が「商売をやめて郷里に帰るので、誰かに店を譲りたい」と言い出した。これを聞いた善八の店の者たちは、「それなら長弘に継がせるべきだ」と主人に推挙してくれた。

善八もこれを了承したが、日本橋の目抜き通りにある表口三間（約五・四メートル）の店の代金は百三十両もするので、長弘にはとても手が届かない。

そんな時、同じ松阪出身で日頃から親しくしていた小津三重郎が奔走し、同じく松阪出身の木綿問屋である小津三郎右衛門から、二百両の出資を受けられるようにしてくれたのである。

「こうして長弘は小津の姓を受け継いで小津清左衛門と名乗り、承応二年に創業することができました。このいきさつは長弘の親戚《しんせき》に当たる国学者、本居宣長《もとおりのりなが》も書き記しています」

松阪には小津姓が多く、江戸に出て商人として成功した者たちがかなりいた。彼らは小津党と呼ばれ、松阪でも江戸でも互いに助け合っていた。

実は本居宣長も小津姓だったが、医者になるために京都へ修業に出る時に五代前の本居姓に改めたという。

「長弘の時代は幕府の治政が安定し、江戸が発展を続けた時代でしたから、店は順調に拡大を続けました。平和な時代になって文化への興味も強まり、出版業も盛んになりましたから、紙の需要はますます増えていきました。井原西鶴《いはらさいかく》の『好色一代男《こうしょくいちだいおとこ》』がベストセラーになるのもこの頃のことで、主人公の世之介も大伝馬町の木綿問屋に奉公しています」

小津清左衛門長弘は紙業だけではなく、やがて繰綿《くりわた》や木綿の商いにも進出し、業績《ぎょうせき》は飛躍的に拡大していく。それを現しているのがこれだと、松浦館長が史料を見せて下さった。

江戸における店舗や屋敷を買い取った記録で、開店時に表口三間、奥行二間の店を百三十両で買った長弘は、

元禄《げんろく》十一年（一六九八）表口一丈五寸　百五十両
元禄十七年（一七〇四）表口十間　奥行二十間　三千両
宝永《ほうえい》三年（一七〇六）表口五間　奥行二十間　二千八百両

元禄十七年から宝永三年のわずか二年の間に、五千八百両を支出できるほど事業を拡大している。そうした業績が認められ、長弘は同業者の組合である十組《とくみ》への参加を認められ、中心的な役割をはたしていく。

「この頃の江戸の商売を支えていたのは、京都や大坂から菱垣廻船《ひがきかいせん》で運ばれてくる下り荷でした。紙や綿もそうですが、海難事故も多発していました。しかも大坂で船に荷を積んだ時から江戸の店が買い主とされましたので、事故が起こると損害をすべて負担しなければなりません。十組はそうした場合の損害を皆で分担することと、廻船問屋との補償交渉に結束して当たるために作られたものです」

大坂の港で扱われた紙の総額は、正徳《しょうとく》四年（一七一四）には銀一万四千四百六十四貫《かん》にのぼったという。

銀一貫はおよそ金二十両に相当するので、金二十八万九千両ほどになる。その半数近くが江戸に送られたのではないだろうか。

ちなみに享保《きょうほう》十一年（一七二六）に江戸に送られた米は八十六万俵余、酒は七十九万樽《たる》だったという。下田《しもだ》や浦賀では「出船入船三千艘《そう》」と言われているが、それが決して誇張ではない活況を呈していたのだった。

昭和通りと平行して南北に続く中央通りが、江戸前島《まえじま》の中心部の高台に作られた道である。幕府は江戸の城下町を建設する時、外堀の外側に商人の居住地を作って定住をうながした。

この時道三堀《どうさんぼり》に日本橋をかけて五街道の起点とし、品川宿《しながわしゅく》方面に続く東海道（今の中央通り）を整備した。今も銀座や日本橋に多くの名店が集まり、商業の中心地となっているのはそのためである。

日本橋から中央通りを北へ向かうと、三越前を通りすぎ、神田鍛冶町《かじちょう》、神田須田町に至る。かつて神田山があった所だが、日比谷入江を埋め立てるために山が削られて平坦な居住地となった。

竹を焦がして強度を増した「重籐の弓」

小山弓具店は神田須田町にあった。

ビルの一階にある小山弓具店の入口には、大きな弓の的《まと》がかかげてある。店の中には弓や矢などがびっしりと並べてある。

二階に上がらせてもらい、会長の小山雅司さんに話をうかがった。

「私は小山家の十六代目になります。先祖は三河《みかわ》武士で薪炭《しんたん》係として家康に仕え、五石二人扶持《ごこくににんぶち》を得ていたそうです。足軽《あしがる》クラスの下級武士だったのでしょう」

五石は知行地《ちぎょうち》から上がる年貢のことで、二人扶持とは一日あたり玄米一升(一人扶持は五合)を支給されることだ。知行地は家に、扶持米《ふちまい》は当主の務めに対する役料として与える場合が多かった。

「ところが八代目の小山源祐は禄《ろく》を失うことになりました。自ら武士をやめたのか、何か不祥事を起こしてやめさせられたのか分かりませんが、源祐には弓の趣味があって自分で弓を作っていたそうです。それがよく飛ぶと評判になり、弓師《ゆみし》となって小山弓具店を創業したのです」

源祐の作る弓は弓道の宗家《そうけ》である小笠原《おがさわら》家からも高く評価され、屋敷を訪ねる時は木戸御免《きどごめん》(フリーパス)を許されていた。

弓道と言えば三十三間堂の通し矢が有名だが、江戸の浅草にもこれを模して三十三間堂が作られ、元禄十四年(一七〇一)には深川に移されて通し矢が行なわれた。

「三十三間堂の大矢数《おおやかず》は、暮れ六つ(およそ午後六時)から翌日まで、二十四時間で何本の矢を通せるか競うものです。尾張《おわり》藩の星野勘左衛門茂則は寛文《かんぶん》二年(一六六二)に六千六百六十六本、その七年後には八千本を通して天下一になっています、この時には六時間近くを残して打ち切ったそうです」

それは他の弓道家が記録に挑み、失敗して腹を切ることがないようにと配慮してのことだった。当時は主君の名誉をかけて記録に挑むので、天下一になれなければ責任を取って腹を切ったという。

「会長も弓道をやられるのですか」

失礼とは思いながらたずねてみた。

「昔は高田馬場《たかだのばば》で流鏑馬《やぶさめ》をやっていましたが、今はたしなむ程度です。あまりのめり込むと、射法について一家言を持つようになり、お客さんに失礼なことを言いかねない。だから程々にせよと、家訓に戒められています」

部屋の壁には作りかけの弓や、格式の高い重籐《しげどう》の弓などが並べてあった。

竹と木を張り合わせて作った弓は、雨や湿気で接着剤が弱くなってはがれることがあった。それを防ぐために籐を巻いたのが重籐の弓の始まりである。

やがてこの弓が武家においてもっとも格式の高い弓とされ、弓の色や籐の巻き方にも細かい作法が定められたのである。

机の上には弓を切断して断面を見ることができるようにしたサンプルが置いてあった。

竹と竹の間に竹ヒゴを入れた「ヒゴ入り弓」の構造が分かるようにしたもので、ヒゴの一部には焦がした竹が使われていた。

「七百年前に、竹を焦がして使えば強度と弾力が増すことが分かっていました。今ではカーボンファイバーが使われていますが、当時の人々は経験としてそれを知っていたのです」

『更級日記』の時代の江戸のこと

今や千四百万人近くが住み、高層ビルが建ち並ぶ巨大都市となった東京からは、開発される前の古い姿をイメージすることは難しい。

その困難を乗り越えるためのひとつの手掛かりが、物語の中に描かれた風景や暮らしぶりをたどることだ。

平安時代の中頃、千葉県市原《いちはら》市を出発し、江戸湾沿いの道から東海道に出て京都に向かった十三歳の少女がいた。上総《かずさ》の国司《こくし》をつとめていた菅原孝標《すがわらのたかすえ》の娘で、後に彼女は『更級《さらしな》日記』に当時の思い出をつづっている。

〈十三《とをあまりみつ》に成《な》る年《とし》、上《のぼ》らむとて、九月三日《ながつきみか》、門出《かどで》して、「いまたち」と言《い》ふ所《ところ》に移《うつ》る〉（『新訳更級日記』島内景二著　花鳥社）

住みなれた国司の館《やかた》を出て、牛車《ぎっしゃ》に乗って「いまたち」（馬立）まで出た。ここは南には野原が続き、東と西は海に近くて、夕霧が立ちこめていた。

この地を九月十五日に出発し、十七日の夜は下総《しもうさ》の国の「くろとの浜」（※）に泊まった。左手の海岸には白い砂浜が延々と続き、松原が茂っていて、月が冴《さ》え冴《ざ》えと明るかった。

翌朝、「ふとゐ川」（江戸川）を渡ることになったが、河口は広すぎて渡れないので、上流の「まつさと」（松戸市）の渡りに着いて一泊した。

その間家臣たちが船で荷物を渡し、十九日の朝に牛車を船に乗せて対岸に渡った。ところがこのあたりの海岸には白砂はなく、泥土の浜が広がっているばかりだった。

しかも紫草が生えていると聞いていた野原には蘆《あし》や荻《おぎ》ばかりが生い茂っていた。〈蘆《あし》・荻《をぎ》のみ高《たか》く生《お》ひて、馬《むま》に乗《の》りて、弓持《ゆみも》たる末見《すゑみ》えぬまで、高《たか》く生《お》ひ茂《しげ》りて、中《なか》を分《わ》け行《ゆ》くに、「竹芝《たけしば》」と言《い》ふ寺《てら》あり〉

馬に乗って警固している者が背負っている弓の先端が見えないほど、蘆や荻が高く生い茂っていた。その中をかき分けながら進んでいくと、竹芝という寺があった。この寺は港区の済海《さいかい》寺《じ》だという説が有力だが、浜松町近くの竹芝ともゆかりがあるのだろう。

武蔵の国は野と山、蘆、荻の中を進むより仕方のない殺風景なところだったが、一行はようやく相模国《さがみのくに》との間に流れる「あすだ川」にさしかかった。

〈野《の》・山《やま》・蘆《あし》、荻《をぎ》の中《なか》を分《わ》くるより外《ほか》の事無《ことな》くて〉

『更級日記』にそう書かれたことが、後々まで江戸に対する都人のイメージを決定したのかも

（※）浜の場所は千葉市や木更津市、船橋市など千葉県内に候補地がある。

しれない。

人足寄場から造船所、そして近代工業へ

徳川家康が入封《にゅうほう》した頃の江戸の姿を知りたくて、我々は中央区の石川島資料館《いしかわじましりょうかん》を訪ねた。

隅田川《すみだがわ》の河口近くにある石川島は、江戸の初めに幕府の船手頭《ふなてがしら》だった石川八左衛門重次《はちざえもんしげつぐ》に与えられたことから石川島と呼ばれるようになった。

やがて石川島には江戸に流入した無宿人たちを収容し、職業訓練をほどこして社会復帰させるための人足寄場《にんそくよせば》が作られた。

この設立に関わったのが火付盗賊改方《ひつけとうぞくあらためかた》の長谷川平蔵宣以《はせがわへいぞうのぶため》。池波正太郎の小説『鬼平犯科帳《おにへいはんかちょう》』の主人公として知られる鬼の平蔵である。

やがて幕末になると石川島に造船所が作られ、今日の株式会社ＩＨＩへと引き継がれることになるのだが、そのことに触れる前に、家康の入封以来隅田川周辺がどのように変わっていったかを、『江東区史』を参考にして紹介させていただきたい。

前にも話したように、家康の江戸城下の開発は道三堀《どうさんぼり》の開削《かいさく》と小名木川《おなぎがわ》の開通から始まった。

これは行徳《ぎょうとく》で作った塩を江戸城まで運ぶためだったと言われているが、そればかりではない。

江戸川（旧利根川《とねがわ》）の水運によって、関東各地ばかりか奥州にまでつながり、人や物資の移動

を円滑にするためだった。

奥州、江戸、畿内を水運の大動脈でつなぐことによって、江戸の経済発展をはかろうとしたのである。

小名木川は江戸湾の海岸沿いに人工の川を作り、隅田川と江戸川を結んだものだ。その距離は約五キロ。川幅は二十間（約三十六メートル）、深さは一丈四尺（約四・二メートル）だったと思われる。

まず海岸に波除堤《なみよけ》を築き、その内側に川を掘り、掘った土を川の両岸に積み上げて土手《どて》としていく。

江戸湾は遠浅で干潟《ひがた》になる所が多いので、こうして小名木川を造らなければ安定した水路を確保することができなかった。

ついでながら小名木川の名は、開削にあたった小名木四郎兵衛の苗字《みようじ》にちなんだものだ。この頃には小名木川より南はすべて海だったが、干潟を埋め立てることによって新田や居住地を広げていったのである。

最初に開発されたのは深川《ふかがわ》だった。摂津《せっつ》国から来た深川八郎右衛門《はちろうえもん》がこの地に住みつき、低湿地となっていた干潟の開拓に取りかかった。ある時、家康が鷹狩《たかが》りに訪れた時、八郎右衛門に地名をたずねたが、茅野《かやの》が多くまとまった集落もないので地名はありませんと答えた。

すると家康は八郎右衛門の苗字を村名とし、名主《なぬし》として新田開発にあたるように命じた。慶長《けいちょう》元年（一五九六）のことである。

同じ年に海辺《うみべ》新田（江東区海辺）の開発も野口次郎左衛門によって始められた。新しく作られた村の石高《こくだか》は千二百六十六石だったという。

徳川家はこの成功に励まされ、その後も新田開発を奨励し、食糧の増産を押し進めた。これが江戸時代を通じて全国で行なわれる新田開発につながったのだった。

寛永《かんえい》六年（一六二九）になると、深川一帯で漁業をしていた漁師たちが、海岸の波除堤の外側にある干潟を宅地に造成したいと願い出、大島町、黒江町、清住《きよすみ》町など八ヶ町を作った。

万治《まんじ》二年（一六五九）には相模《さがみ》国三浦郡から来た砂村新四郎が、砂村新田を完成させた。現在江東区南砂《みなみすな》三丁目に砂村新田跡の史跡表示板がある。

それによれば海岸の低湿地に点在する寄り洲《よりす》を核にして土地を造成し、四百三十四石の新田が完成したという。

興味深いのは永代島《えいたいじま》の埋め立てである。永代島は隅田川の河口の洲で、蘆や蒲《がま》の茂る湿地だった。この地に長盛法印《ちょうせいほういん》が宮社を建立したいと願い出、寛永《かんえい》四年（一六二七）に永代島をたまわった。

そして永代寺を建立し、富岡《とみおか》八幡宮の別当寺《べっとうじ》として栄えたが、その後島のまわりを埋め立てて境内を拡張することにした。こうして寺の門前に町が造られ、門前仲町と命名されたのである。

この時埋め立てのために使われたのが、江戸市中から排出されるゴミである。それを奨励するために、明暦《めいれき》元年（一六五五）十一月に出された法令は次の通りである。

一、町中の者、川筋へはきだめのごみ捨て申す間敷候《まじくそうろう》、舟にて遣《つかわ》し、えいたい島へ捨て申すべく候、ただし夜は御法度《ごはっと》にて候間《あいだ》、昼ばかり捨て申すべく候事《こと》。
一、廻船《かいせん》の船むざと掛け置き申す間敷候、船道を空け候て通し、舟つかえ候《そうら》はぬ様に掛け置き申すべく候事。
一、面々の河岸少しも川を埋め、突き出し申す間敷候事。

これを読めば当時の江戸もゴミ問題が深刻になり、永代島の埋め立てに使うことによって解決しようとしていたことが分かる。

第一条からはゴミを川筋に捨てるために環境問題を引き起こしていたこと、第二条からは諸国を往来する大型の廻船が迷惑駐船するために、他の船の運行に支障《ししょう》をきたしていたことがうかがえる。

第三条はゴミの処理に困っていた町内の面々が、川岸が突き出すほど川にゴミを捨てていたことをうかがわせるもので、現代風に言えば不法投棄である。

しかもこの三条が守られているかどうかを、〈御船手《おふなて》の衆自身御廻り、ならびに水夫《かこ》の者川へ廻し候て〉監視すると通告し、〈背《そむ》き申し候者は、きっと曲事《くせごと》（刑罰）に仰せ付けられ候間、油断つかまつる間敷候〉と睨《にら》みを利かせている。

家康が移って六十五年。日本の首都となった江戸には諸国から大勢が集まり、やがて人口百万都市へと成長する。それと同時に、早くもゴミや交通渋滞の都市問題が起こっていたのである。

石川島の隣には佃島《つくだじま》があり、佃煮の産地としてその名を知られている。この島の住人は摂津国西成《にしなり》郡佃《つくだ》村（大阪市西淀川区佃）から移住してきたと言われている。

本能寺の変が起きた時、堺《さかい》にいた家康は三河《みかわ》の岡崎城に戻ろうとしたが、神崎川《かんざきがわ》を渡る船がないので窮地におちいった。

その時佃村の漁民たちが船を出してくれたので、無事に川を渡り、伊賀越えをして岡崎城に戻ることができた。家康はその恩に報いるために漁民たちを江戸に呼び寄せ、佃島に住まわせて特別の漁業権を与えた。

彼らは悪天候時の非常食や出漁時の船内食にするために、小魚や貝類を塩や醤油で煮詰めて保存できるようにしていた。

やがて豊漁の時などに大量に作って売り出すようになり、江戸の庶民に普及した。

それを参勤交代で江戸に来た武士たちが購入して国に持ち帰り、佃煮の名が全国に広まったのだった。

日本のジェットエンジンのシェア6割

石川島資料館は中央大橋を渡ってすぐの所にあった。かつては石川島播磨《はりま》重工業という社名だったIHIが開設したもので、コンセプトは「石川島からIHIへ」である。

入口で広報部長の坂本恵一さんや担当の方々が出迎えて下さった。

開館にあたって充分な調査がなされたようで、館のパンフレットには石川島、佃島が無人島や干潟を埋め立てて作られたことや、人足寄場を作る時には石川島の周りを埋め立てたことが、図面を用いて説明してある。

入口の一角には、石川島の名前の由来となった石川八左衛門重次の鎧《よろい》が、守り神のように鎮座していた。

「幕府が水戸藩に洋式帆走の軍艦の建造を命じたのは嘉永《かえい》六年（一八五三）、ペリーが浦賀にやって来た直後ですから、巷間《こうかん》に言われるように何の策も立てずに手をこまねいていたわけではありません」

翌年一月に起工、二年後の安政《あんせい》三年（一八五六）五月に完成した旭日丸《あさひまる》の模形が展示してある。全長四十二・三メートル、排水量七百五十トン（推定）、片側に十二門の砲眼を開けた堂々たる軍艦である。

それから十年後の慶応《けいおう》二年には、国産蒸気砲艦「千代田形《ちよだがた》」を建造している。ボイラー三基を搭載し、六十馬力の出力を持つスクリュー推進式の軍艦で、速力は五ノット（時速約九・三キロ）だった。

「ところが明治九年（一八七六）に政府は石川島の造船所を閉鎖することにしました。これを知った平野富二《ひらのとみじ》は、海軍省に跡地の貸与を申し入れ、造船所を引き継ぐことにしました」

平野は当時築地《つきじ》で活版印刷所を経営していたが、一大飛躍を期して造船業に乗り出すことにした。これがＩＨＩのスタートで、翌年には早くも民間では初となる蒸気船「通運丸」の建造を成しとげている。

この船は十三馬力のタービン一基を搭載しただけのシンプルな構造だが、六ノット近い速度が出て、両国と埼玉県妻沼《めぬま》町（熊谷市《くまがや》）間の旅客輸送に使われた。

江戸川をさかのぼり利根川に出る航路が健在だったのである。

「明治二十二年には、渋沢栄一や佐賀鍋島《なべしま》家などの出資を得て株式会社になり、東京石川島造船所という社名になりました。その後に日清《にっしん》、日露《にちろ》戦争が起こり、船の需要も大幅に伸びていったようです」

目を引かれたのは、敗戦の直前に国産初のジェットエンジンを開発し、双発ジェット戦闘機「橘花《きっか》」を製造していることだ。

当時日本はB‐29の空爆によって大きな被害を受けていたが、ガソリンを燃料として飛ぶ従来の戦闘機では、高度一万メートルを飛ぶB‐29を迎撃《げいげき》することはできなかった。

そこで「橘花」を開発して対抗しようとしたのだろうが、時すでに遅かった。

ところが技術力は引き継がれ、今ではIHIは日本のジェットエンジン生産の六割以上を占め、宇宙ロケットや宇宙ステーションの生産にもたずさわるほど成長をとげている。

こうした状況を知ったなら、千年前にこの地を旅して「蘆・荻のみ高く生ひて」と嘆いた菅原孝標の娘は、かぐや姫を描いた『竹取物語』は予言の書だったのかと、びっくり仰天することだろう。

これから千年先には、東京や石川島はどんな街に変わっているのだろうか。

家康コラム① 江戸城以前の家康の城

編集部編

豊臣秀吉から江戸移封を告げられた家康は、本編で見たように、道三堀《どうさんぼり》や小名木川《おなぎがわ》の開削、日比谷入江の埋めたてなど矢継ぎ早に江戸の街づくりを進めた。本項では、それ以前に居城とした現在の愛知県、静岡県の三城についてまとめた。

誕生の城 岡崎城 安祥城を拠点にしていた家康の祖父・松平清康が岡崎の地を奪取して新たに築いたのが岡崎城だ。松平広忠の嫡男として誕生した家康が産声をあげたことで、「神君家康公生誕の地」となった。後に、桶狭間の合戦で今川義元が討たれるまで、実質的に今川氏の手にわたっていたものの、晴れて家康が入城する。しかし、家康が岡崎城を居城としたのはそれから十年にも満たない。元亀元年（一五七〇）に岡崎城を嫡男信康に譲り、自身は浜松城に移転して、武田信玄の侵攻に備えた。信康自刃の後は、譜代家臣が城主となったが、家康が江戸に転封になった際に、秀吉家臣の田中吉政が十万石で入城。吉政は関ケ原合戦で東軍に属した功で筑後柳川藩三十二万石と加増転封された。その後、江戸時代は、本多、水野などの名門譜代が入城して岡崎藩の藩庁とした。

浜松城　武田信玄の侵攻に備えて、岡崎城から移転したのが浜松城。家康、二十九歳から四十五歳までの働き盛りの時期の居城で、この間、三方ヶ原、長篠、姉川、高天神城、小牧・長久手など合戦に明け暮れた。家康時代の浜松城は土造りの城で、天守や石垣を整備したのは、家康が江戸転封した後に秀吉によって配置された堀尾吉晴である。江戸時代の藩主は譜代大名が九家二十二代と目まぐるしく交代したものの、藩主経験者が出世（老中になった水野忠邦など）したことから「出世城」と称されている。

駿府城　駿河《するが》守護の今川氏の拠点「今川館」が前身。ただし、現在の駿府城の場所に今川館が存在したかは確認されていない。現在の城郭に家康が入ったのは、武田家滅亡の天正十年。その後家康によって天守が造られるなど城郭の整備が進んだが、家康の江戸転封後に、秀吉子飼いの中村一氏が駿府を拝領した。江戸転封で家康ゆかりの岡崎、浜松、駿府のすべてに豊臣系大名が入ったことになる。関ケ原合戦後に中村氏は米子に移封。駿府には家康の異父弟ともいわれる内藤信成が入ったが、後に将軍職を秀忠に譲った家康が駿府を居城とした。一時、家康十男頼宣が五十万石で駿府藩を設置したが、和歌山移封後は、幕府直轄領となった。現在三城とも日本城郭協会認定の「日本１００名城」に認定されている。

「徳川家康公立体しかみ像」
（浜松博物館蔵）

第二章●家康が築いた全長五km、江戸大運河編（江戸）

道三堀、小名木川ほか
家康の流通網整備と江戸水運

神田川から隅田川、江戸水路めぐり
小名木川という大運河
治水の河川工事を担ったキリシタン
小田原北条氏関東支配の痕跡

3時間かけた江戸の水路めぐり。

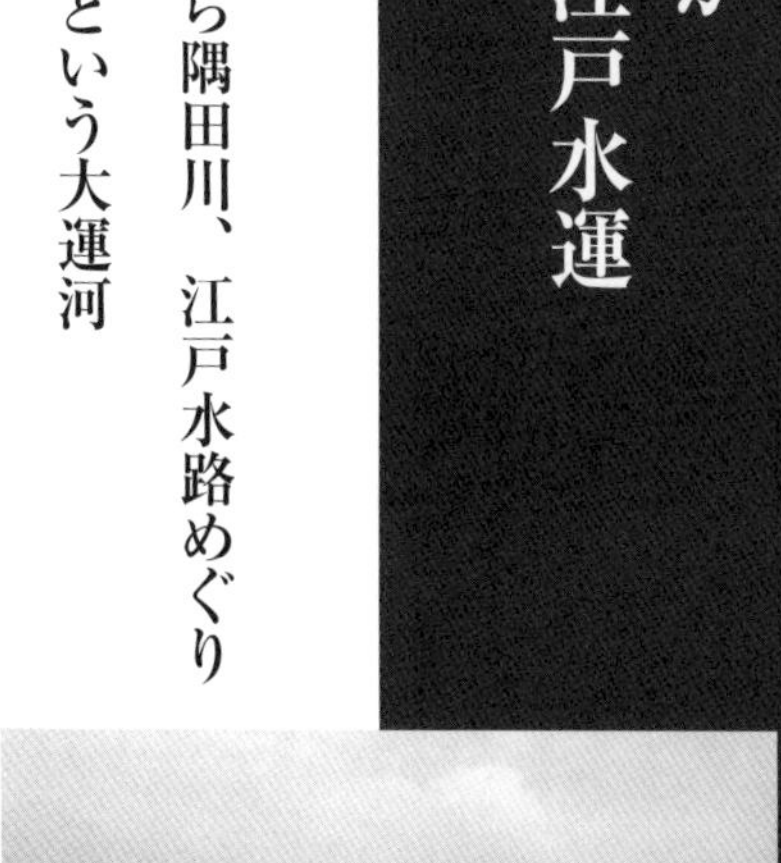

利根川と江戸川の分岐点をドローンで撮影。

N
1km
両国駅
JR総武線
靖国通り
両国橋
首都高
JR山手線
常磐橋
浜町公園
新大橋
新大橋通り
日本橋
皇居
東京駅
茅場橋
隅田川
一石橋
亀島川
永代橋
亀島橋
霊岸島
中央区立越前堀児童公園
中央大橋
佃公園
石川島
JR東海道新幹線
晴海通り
佃島
勝鬨橋
浜離宮恩賜庭園
千住大橋
JR常磐線
北千住駅
日暮里駅
隅田川
荒川
上野駅
平井駅
亀戸駅
JR総武線
JR山手線
東京駅
江東区中川船番所資料館
N
3km

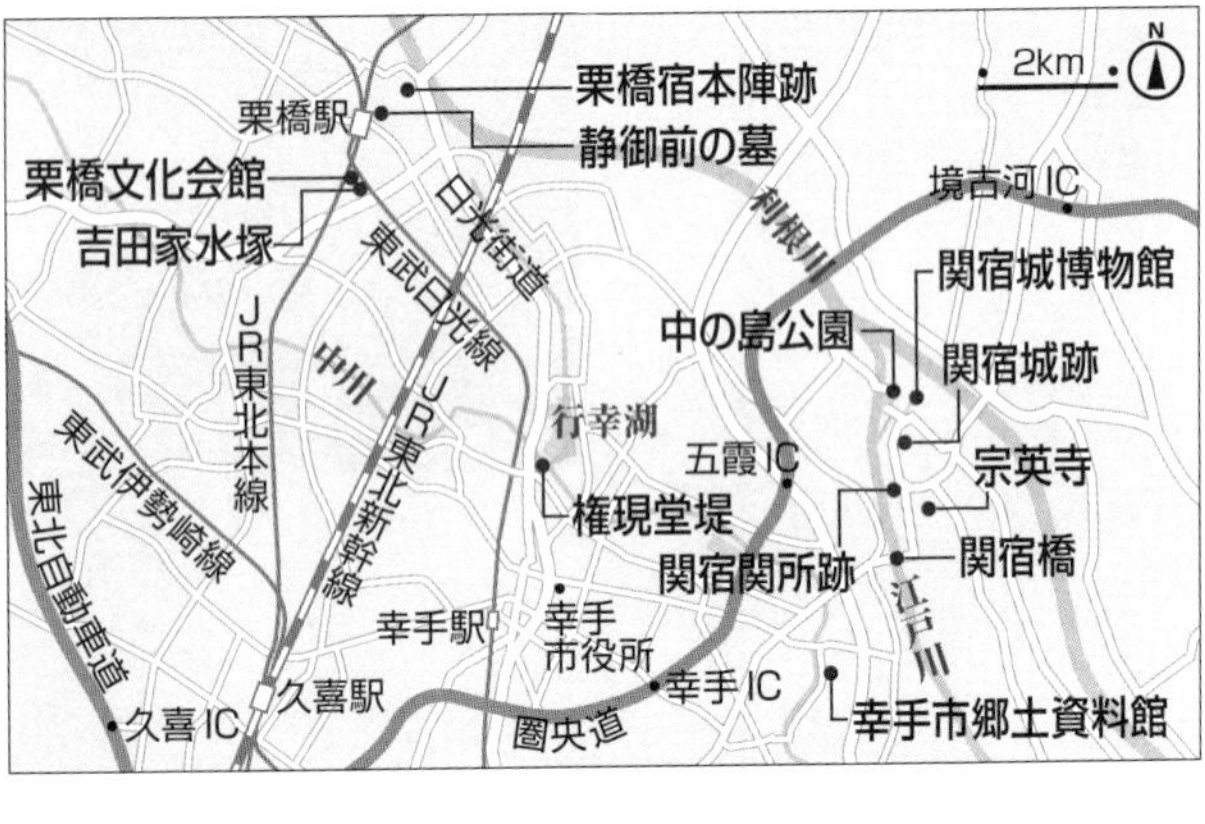
栗橋宿本陣跡
2km
N
栗橋駅
静御前の墓
栗橋文化会館
境古河IC
吉田家水塚
利根川
日光街道
東武日光線
関宿城博物館
中の島公園
関宿城跡
JR東北本線
中川
JR東北新幹線
行幸湖
東武伊勢崎線
五霞IC
宗英寺
東北自動車道
権現堂堤
関宿関所跡
関宿橋
江戸川
幸手駅
幸手市役所
幸手IC
久喜駅
久喜IC
圏央道
幸手市郷土資料館

神田川十五橋と十一の復興橋

江戸は水の都である。

今ではコンクリートや巨大なビルにおおわれて、その情景を想像することは難しいが、江戸時代の地図を見れば江戸城の内濠《うちぼり》や外濠《そとぼり》ばかりか、神田《かんだ》上水、玉川上水、道三堀《どうさんぼり》、小名木川《おなぎがわ》などの水路が縦横にめぐらされ、人々の生活を支えていたことがうかがえる。

その名残をたどろうと、我々は神田川、日本橋川、亀島川、隅田川《すみだがわ》、小名木川を川船でたどることにした。

東京に住んで四十五年になるが、こうした視点から東京をながめたことは一度もない。ところが近頃ではこれらの川を遊覧するコースが設けられていて、貴重な体験をさせていただくことができたのだった。

神田川の源流は井《い》の頭《かしら》公園の湧水《ゆうすい》だった。江戸の水は潮の影響を受けることが多く、塩分を含んでいるので飲用水や灌漑《かんがい》用水には向かなかった。

そこで江戸に入府《にゅうふ》した徳川家康は、井の頭の湧水池から江戸まで水路を作って真水を確保することにした。

井の頭池の源泉は「お茶の水」と呼ばれているが、これは家康がこの水でお茶を点《た》てることを好んだことに由来する。また「井の頭」という名前は、三代将軍家光《いえみつ》が、この湧水を愛《め》でて「井戸の中でもっとも優れているので、井の頭と称するがよい」と言ったことから命名されたという。

いずれも井の頭池の水が江戸にとっていかに重要であり、良質の水が得られたかを示すエピソードである。

井の頭池から取水した神田上水は、中野区弥生町《やよいちょう》で二つ目の水源である善福寺池《ぜんぷくじ》から流れる善福寺川と合流。さらに新宿区落合《おちあい》で、三つ目の水源である妙正寺池《みょうしょうじ》から流れる妙正寺川と合流している。

落合という地名は、二つの川が落ち合うことから付けられたものである。

江戸の大地は古代の礫層《れきそう》と関東ローム層が重なっているので、ローム層を雨水が浸透《しんとう》し、礫層から良質の湧《わ》き水となって流れ出している所が多い。

さらに下流に下って文京区関口《せきぐち》に達すると、豊かな川の流れは「大洗堰《おおあらいぜき》」によって神田上水と江戸川（現神田川）に分けられた。関口という地名は「大洗堰」にちなんだものだ。

江戸川公園の名もこのあたりの川が江戸川と呼ばれていたことに由来するが、昔の江戸川は旧平川《ひらかわ》とつながり、江戸城の東側を通って日比谷《ひびや》入江に流れ込んでいた。

これでは江戸城と城下町の建設に不都合だし、豪雨の際には川が氾濫《はんらん》して大きな被害をもたらすので、神田山（本郷《ほんごう》台地）を開削《かいさく》して神田川を作り、東に直進させて隅田川と合流するようにした。

こうして神田川や日本橋川（旧平川）が完成していくわけだが、昔は神田川の一部を仙台堀《せんだいぼり》と呼んでいた。開削を担当したのが仙台伊達《だて》藩だったことにちなんだものである。

＊

江戸東京のクルージングは、千代田区和泉橋《いずみばし》から始まった。

JR秋葉原《あきはばら》駅のすぐ近くで、神田川の船着場には千代田区観光協会理事の岡田邦男さん、文化財保存計画協会の西村祐人さん、それに小山弓具店の小山雅司会長が待っていて下さった。

船は屋形船三浦屋の粋人丸《すいじんまる》で、通常は五十人乗りだが、コロナ禍で密をさけるために一行十人で乗り込んだ。

「この地は江戸時代から物流の中心地でした。明治になって鉄道が敷かれて秋葉原駅ができると、鉄道と水運《すいうん》の結節点となり、米穀取引所もおかれました」

乗船前に岡田さんが、立て板に水の名調子で説明して下さった。

和泉橋の名は、橋の北側に伊勢国津《つ》藩の藤堂和泉守《とうどういずみのかみ》の屋敷があったことにちなんでいる。藩祖の藤堂高虎《たかとら》は家康、秀忠《ひでただ》に仕えた功臣で、屋敷も江戸の要地に与えられたのである。

今は千代田区の防災船着場が設けられ、万一災害に見舞われた時には、水運による救助活動や物資の輸送ができるようにしてある。

「神田川には十五橋がかかっていますが、うち十一橋は関東大震災後の復興期のものです。それぞれに工夫をこらした架け方をしていますので、その違いにも注目して下さい」

船はエンジン音をたて、船体を震わせながら上流に向かっていく。かつて江戸の人々は川船で移動し、川に作られた河岸《かし》で降りて街中《まちなか》にくり出した。

今日でも居酒屋などから別の店に移りたくなった時には、「おい、河岸《かし》を変えようか」と言うことがあるが、それは河岸を使って移動していた頃の名残である。

水面からの景色はこれまで見てきた東京とはひと味ちがい、水の都だった江戸の生活ぶりに一歩近づいたような新鮮さがあった。

左手に、柳森《やなぎもり》神社の社殿と柳の木が見えた。太田道灌《おおたどうかん》が江戸を整備した時、鬼門にあたる東北方面の守り神として京都の伏見稲荷《ふしみいなり》大社を勧請《かんじょう》して創建した。その頃からこの地が江戸の境と認識されていたのである。

その先には中央通りにかかる万世橋《まんせいばし》があった。もとは中山道《なかせんどう》と日光街道《にっこうかいどう》が交わる所に筋違橋《すじかいばし》がかけられていたが、明治五年に筋違門をこわし、その石材を使って二連アーチの「萬代橋《よろずよばし》」を造った。

これが後に万世橋と呼ばれるようになったという。

「現在の橋は昭和五年に架け替えられたもので、川底の一・五メートル下には地下鉄銀座線が通っています。橋のたもとには甲武《こうぶ》鉄道（現JR中央線）のターミナル駅として計画された万世橋駅がありました。今でもこのように旧駅舎の外壁が残っています」

川沿いにアーチ形のガラス窓をつけたレンガ造りの壁が続いている。辰野金吾《たつのきんご》の設計で大正元年に造られた駅舎は、東京駅と並ぶ壮麗さを誇っていたが、関東大震災で倒壊した。

その後復興されたものの昭和十八年に廃止され、交通博物館として利用されてきたが、平成十八年に閉館して今は外壁だけが残っている。意匠をこらした西洋風の壁から、大正ロマンに向かう時代の雰囲気が伝わってくる貴重な遺産である。

昌平橋《しょうへいばし》をくぐってしばらくすると、川の両岸は渓谷のように切り立ってくる。かつて神田山があったあたりで、元和《げんな》四年（一六一八）に伊達政宗《だてまさむね》によって開削されて神田川になった。

ここに架かるのが聖橋《ひじりばし》。近くに湯島聖堂《ゆしませいどう》があったことにちなんだ名で、さだまさしの『檸檬』のように橋の上から下を見ることは多いが、川から橋を見上げたのは初めてである。

高い位置にかかるアーチ形の橋を見ると、神田川が山を開削して造った「仙台堀」だったことがよく分かる。周辺のお茶の水という地名は、井の頭池のお茶の水と同様に、湧き出した水がお茶を点てるのに適していたことから付けられたという。

さらに船は進み、水道橋が見えてきた。

「神田上水を江戸に引き入れるには、この神田川を渡さなければなりませんでした。そこで水を渡すための橋をかけたのが水道橋の始まりです。あれを見て下さい」

岡田さんが橋の下流で口を開けている分水路を指した。コンクリートでおおわれた地下水路で、神田川の洪水を防ぐために昭和四十一年から造られた。上流の大曲《おおまがり》で神田川が急カーブしているために、大雨が降ると川が氾濫して周辺の町に大きな被害をもたらした。そこで大曲の白鳥橋から水道橋まで分水路を造って水を逃がしたのである。

我らが粋人丸は、小石川橋《こいしかわばし》の手前で左折して日本橋川に入った。この川がかつて日比谷入江に注いでいた平川だが、家康の江戸改造によって道三堀とつながげられ、隅田川に注ぐようになった。その途中に日本橋がかけられ、五街道《ごかいどう》の出発地点として名を馳《は》せたことから、日本橋川と呼ばれたのである。

この川にもたくさんの橋がかかり、人や車がせわしなく行き交っている。川には高速道路の橋脚が立てられ、頭上を道路がおおっている所が多いので、人々は川があることにさえ気付いていないようだ。

それでも川は今も生きていて、時々観光船や監視船、川底の泥土をさらう浚渫《しゅんせつ》船などとすれ違う。防災船着場だけでなく、ゴミの積み出しのための船着場もあって、人々の暮らしを支える縁の下の力持ちの役割をはたしているのである。

肥後・薩摩の石工が造った石造アーチ橋

やがて今回の取材の目的のひとつである常盤橋《ときわばし》にさしかかり、西村祐人さんが船を止めて説明して下さった。

常盤橋の前身である常盤橋は、江戸城外郭の正門として寛永《かんえい》六年（一六二九）に設置された木橋である。

明治十年には小石川門の石垣を使い、西洋近代的な意匠を取り入れた石橋に架け替えられた。この時常盤の字を常磐に変えたが、平成二十三年の東日本大震災で大きな被害を受けたために全面的な修理工事を行なった。

西村さんはこの工事において中心的な役割をはたされた方である。

「明治六年からわずか七年の間に、東京には十三もの石造アーチ橋がかけられました。最初は明治六年の万世橋で、この常磐橋は明治十年に造られたものです。そのきっかけとなったのは、鹿児島県士族出身の山城祐之《やましろすけゆき》が新時代の都市には石造アーチ橋がふさわしいという建白書を提出したことです」

山城はその理由として次の五つをあげた。

一、耐火性、耐久性に優れていること。

二、鉄橋より建設費が安いこと。
三、取り壊した外濠見附《そとぼりみつけ》の石垣の石が使えること。
四、石橋造りに巧みな肥後《ひご》・薩摩《さつま》の石工《いしく》の手が借りられること。
五、都市の美観に寄与すること。
明治政府はこの提案を採用し十三もの石造アーチ橋を造らせたわけだが、山城がこうした計画を発案したのは、郷里の薩摩の調所笑左衛門広郷《ずしょしょうざえもんひろさと》の事業が記憶にあったからではないかという。

調所は借金まみれの薩摩藩を立て直したばかりか、藩内のインフラ整備にも取り組み、鹿児島城下の甲突川《こうつきがわ》に西田橋をはじめ五つの石造アーチ橋を造らせた。その時に作業にあたったのが肥後、薩摩の石工たちで、山城が彼らの協力を得られたのは、何らかの関係があったからだろう。

「多くの石橋は震災で壊れたり、時代に合わないという理由で取り壊され、都内で唯一保存されてきたのが常磐橋です。ところが東日本大震災で大きな被害を受けました。そこで千代田区では、当時の材料、技術をできるだけ使い、耐久性を保ちながら文明開化期の姿にもどす工事に着手したのです」

被害が大きかったのは右岸側のアーチの背面で、石組みに亀裂が走り、今にも落下しそうになっていた。そこで平成二十五年から橋の解体にかかり、高欄《こうらん》、路面、壁石、裏込め石、輪石の順に取りはずしていった。

水面下の基礎部分は川を閉め切り、根石《ねいし》、胴木を取りはずした。

「解体と調査は平成二十八年までかかりましたが、その過程で多くのことが分かりました。橋は江戸期までの技術とほぼ同じもので造られていましたし、石積みに用いられた材料の多くが小石川門の石垣の石を転用したことが、改めて明らかになりました」

石に江戸初期に小石川門を築いた岡山池田《いけだ》藩の刻印があったことが、それを証明している。石は石橋に合うよう加工し直されているが、それが充分ではないために見た目の堅牢《けんろう》さとは裏《うら》腹《はら》に大きな弱点を抱えていた。

近代都市にふさわしい外観を整えることを急いだ明治政府は、あり合わせの材料を転用して石橋を造るように命じた。そうした実態が解体作業で見えてきたという。

「解体した橋の材料は強度と耐久性を増すように加工し直し、二〇二〇年の十一月に完成しました。それがこの常磐橋なのです」

修復を終えたばかりの橋は、明治十年に造られた頃の美しさと端整さを取りもどしている。橋の高欄には、寒水石《かんすいせき》（茨城県産の大理石）の中柱を立て、唐草《からくさ》をあしらった鋳鉄製の手摺《てすり》柵が用いられているし、二つのアーチと水切り石が見事な均整を保っている。

それは明治政府の開化政策と、江戸時代以来の技術を伝承していた石工たちの力が合わさって初めて成し遂げることができた、日本人の底力を示す事業なのである。

徳川の世は秀吉の時代とは違う

常磐橋《ときわばし》を過ぎて川を下ると一石橋《いっこくばし》があった。

今でこそ頭上を高速道路が通る殺風景な場所だが、かつては「水の都　江戸」を代表する観光スポットだった。

一石橋のあたりで日本橋川は東に流れる本流と、南西に設置された外濠《そとぼり》に分かれる。しかも江戸城の和田倉濠《わだくらぼり》に通じる道三堀《どうさんぼり》とも通じているので、水濠《みずぼり》の十字路をなしていた。

その情景は歌川広重《うたがわひろしげ》が描いた『名所江戸百景』の「八ツ見のはし」に活写されている。ネットで検索することができるので参照していただきたいが、一石橋はカーブする欄干《らんかん》だけがわずかに描かれ、頭上からは川岸に植えられた柳が長く枝をたらしている。

眼下には日本橋川が空の色を青く映して満々と水をたたえ、荷舟《にぶね》や四手網《よつであみ》で魚を捕っている舟が浮かんでいる。

正面には道三堀にかかる銭瓶橋《ぜにがめばし》と道三橋が見え、堀伝いには武家屋敷の白壁の築地塀《ついじべい》が続き、その奥には雪をかぶった富士山が不自然なほど大きく描かれている。

八つ見橋とは一石橋の別名で、ここからは一石橋をふくめて常盤橋や日本橋、江戸橋など八つの橋を見ることができたことから名付けられたものだ。

また一石橋の北側には、金座《きんざ》の当主（御金改役《おかねあらためやく》）後藤庄三郎《ごとうしょうざぶろう》の屋敷があり、南側には幕府御用達の呉服商である後藤縫殿助《ごとうぬいのすけ》の店があった。

ある時橋が流失したために、両家が金を出し合って再建した。そこで後藤を「五斗《ごと》」に掛け、両家合わせて一石になるということで一石橋と呼ばれるようになったという。

実は似たような洒落《しゃれ》が秀吉の頃にもある。

朝鮮出兵のために肥前名護屋《ひぜんなごや》城まで出陣した秀吉は、近日中に渡海して陣頭指揮をとると宣言した。ところが戦況が悪化したために、勇ましい掛け声とは裏腹にずるずると延期せざるを得なくなった。

これを見た都人は、

太閤《たいこう》が一石米を買いかねて、
今日も五斗買い（御渡海）明日も五斗買い

そんな落首《らくしゅ》を張り出して揶揄《やゆ》した。

一石橋の名をつけた人々は、あるいはこの落首のことを知っていて、徳川の世は秀吉の頃とは違うと言いたかったのかもしれない。

大坂から逃げてきた将軍慶喜上陸の地

「皆さん橋のたもとの石柱をご覧下さい」

案内をして下さる岡田邦男さんが、一石橋の南側に立つ古い石柱を指差された。

「あれは迷《まよ》い子《ご》のしるべ石といいます。この界隈《かいわい》は人通りも多く、迷子《まいご》も多かったようで、あの石柱の左側に迷子や尋ね人の特徴を書いた紙を貼り、心当たりがある人はその内容を書いて右側に貼りました」

現代風に言えば伝言板である。

当時は迷子は町内で責任を持つことになっていて、町名主《まちなぬし》などが世話人となってこの石柱を建てたという。「市井《しせい》もの」と呼ばれる江戸時代に材を取った小説に出てきそうな、人情味豊かな話である。

さらに川を下ると日本橋があった。江戸に入封《にゅうほう》した徳川家康は、江戸前島《まえじま》のつけ根を横断する道三堀を開削し、旧平川《ひらかわ》と合流させて隅田川《すみだがわ》に流すことにした。

日本橋はこの川を渡るために慶長《けいちょう》八年（一六〇三）に架けられたもので、五街道（東海道、中山道、日光街道、奥州街道、甲州街道）には日本橋を起点として一里塚が築かれた。
日本橋の往時の姿をしのぶには、やはり歌川広重の『名所江戸百景』の「日本橋雪晴《ゆきばれ》」が最適である。画面の真ん中にゆるやかなアーチを描いて日本橋がかかり、川には八丁櫓《はっちょうろ》の押送《おしおくり》舟《ぶね》が荷物を満載《まんさい》して上流に向かっている。

手前の魚河岸《うおがし》には魚屋が軒をつらね、多くの客や天秤棒《てんびんぼう》をかついだ行商人が行き交っている。川の対岸には大店《おおだな》のものと思われる大きな倉庫が密集して建ち並び、西河岸橋《にしがしばし》も描かれている。

画面の上から三分の一には、雪におおわれた江戸城と丹沢《たんざわ》山系の向こうにそびえる富士山が描かれている。気象の条件によっては富士山がこれほど大きく見える日があったのかもしれない。

「隅田川から日本橋川を遡《さかのぼ》れば、川の正面に江戸城の五層の天守閣が見えました。その左後方には富士山がそびえていて、天守閣や江戸城の権威を際立たせる役目をはたしていました。家康は都市計画の段階からそれを意図していたと思われます」

その意図を見事にとらえているのが、葛飾北斎《かつしかほくさい》の『富嶽三十六景《ふがくさんじゅうろっけい》』の中の「江戸日本橋」だと岡田さんから教えていただき、さっそくスマホでアクセスしてみた。

何とまあ、である。

日本橋は欄干の擬宝珠《ぎぼし》だけが描かれ、橋の上には人や荷車が押し合いへし合いしながら行き交っている。川の両岸には倉庫がびっしりと建ち並び、川船に荷を積み込もうとする者たちが忙しげに働いている。

そして正面に江戸城の富士見櫓と富士山が、まるで銭湯《せんとう》の壁画のように仲良く並んでそびえている。江戸城を築く時点でここまで考えていたとは、さすがに家康、周到である。

日本橋の下流には江戸橋がある。架橋の時期は寛永《かんえい》期（一六二〇年代前半から四〇年代前半）と伝わるだけで、正確なことは分かっていない。当時は日本橋と一石橋がかかるのみで、江戸橋は三番目ということになる。

この頃には陸路を用いての通行や流通も格段に増え、交通渋滞を解消する目的で江戸橋がかけられたのである。

「川の南岸には四日市が立っていました。毎月四のつく日に市場が開かれたのでこの名があります。市場の南には明暦《めいれき》の大火（一六五七年）後に火除《ひよ》け地が作られ、江戸橋広小路《ひろこうじ》と呼ばれました」

その様子は『江戸名所図会《めいしよずえ》』の「四日市」に描かれているというので、さっそくスマホを開いてみた。

この絵も凄《すご》い。右から左に日本橋川が流れ、四日市や広小路の町並みと行き交う人々の姿が細密に描かれている。数百とおぼしき人々が、まるでマーティン・ハンドフォードの「ウォーリーをさがせ」のように丁寧に描き込まれている。

注目すべきは川が波立っていることで、河口が近く波の影響を受けていたことがうかがえる。現に江戸橋の南西側には木更津《きさらづ》河岸があり、千葉の木更津まで江戸湾を越えて往来する船の発着場になっていた。

やがて茅場橋《かやばばし》を過ぎ、我らを乗せた三浦屋の粋人丸《すいじんまる》は亀島川《かめじまがわ》に入った。川の東側にはかつて霊岸島《れいがんじま》があり、幕府の船手頭《ふなてがしら》だった向井忠勝《むかいただかつ》が屋敷を構えていた。忠勝は島に船手組の番所をおいて、江戸湾に出入りする船を取り締まっていた。

「この島には酒や醤油《しょうゆ》を扱う店が軒を並べていました。酒は大坂からの下り酒が多く、醤油は房総半島のものが大半だったので、海運の便がいい場所に店が作られたのです」

岡田さんの説明通り、『江戸名所図会』には「新川酒問屋」の図が載っていて、川には酒樽《さかだる》を満載した船が行き交い、川岸には積み荷を保管するための蔵が建ち並んでいる。

亀島川を抜けると、正面に石川島、佃島《つくだじま》があった。粋人丸は島の北側をまわり、晴海《はるみ》運河から朝潮運河、そして新月島川を抜けて築地《つきじ》大橋の下に出た。

ここは隅田川の河口で、対岸には浜離宮《はまりきゅう》庭園がある。庭園を守るために防波堤が築かれ、水門が設置されている。水門を抜けて中に入ると、波がぴたりと静まり冷たい風も吹きつけてこなくなった。

ここで船を浮かべ、ランチタイムにすることにした。配られたのは「今半」のすきやき弁当で、紐《ひも》を引けば石灰の発熱作用で弁当が温まるすぐれ物である。

「鳥羽《とば》、伏見《ふしみ》の戦いの後、徳川慶喜《よしのぶ》は軍艦開陽丸《かいようまる》に乗って大坂から江戸に逃げ帰りました。そしてあそこの船着場から上陸したのです」

だから将軍お上がり場と呼ばれると言って岡田さんが示されたのは、コンクリートで固められた階段だった。当時は石段だったはずで、最後の将軍慶喜は沖に停泊した開陽丸から艀《はしけ》に乗り替え、ここに船を着けたのである。

そうした幕末の激動の記憶を秘めながら、浜離宮は松を植えた築山《つきやま》をたくみに配した美しい姿を今にとどめている。

それをながめていて思い出すのは、『元禄忠臣蔵』の「御浜《おはま》御殿綱豊卿《つなとよきょう》」の段である。御浜御殿（浜離宮）で開かれた「お浜遊び」の場にもぐり込んだ四十七士の一人富森助右衛門《とみもりすけえもん》と、次期将軍となる甲府宰相《さいしょう》綱豊の丁々発止《ちょうちょうはっし》の名シーン。

本心をさぐり出そうとする二人のやり取りも見事だが、浜御殿の松と青い海を描いた鮮やかな舞台にも目を引かれる。ここを舞台に設定したのは、江戸の庶民がこの風景にあこがれ、一目見たいと思っていたからだろう。

隅田川から江戸・東京を眺める

ランチタイムを終え、隅田川を遡《さかのぼ》ることになった。まず勝鬨橋《かちどきばし》をくぐっていく。全長二四六メートルで、中央部が開閉できる跳開橋《ちょうかいきょう》だが、大型船の通行が少なくなったために一九八〇年以来ロックされたままである。

勝鬨の名は、一九〇五年の日露戦争で旅順《りょじゅん》を陥落させた記念として「勝鬨の渡し」が設置されたことに由来する。橋は一九三三年に着工し、「皇紀《こうき》二六〇〇年」を記念して開催する予定だった、東京オリンピックや万国博覧会に合わせて一九四〇年に完成した。

ところが日中戦争の激化や、中華民国を支援するイギリス、アメリカなどの反対によって、開催を断念せざるを得なくなった。この翌年、日本はアメリカやイギリスとの戦争に突入するが、その一因はオリンピックと万博を開催できなかった無念と屈辱が、国民の間にくすぶっていたことかもしれない。

川の両側はウォーターフロントとして開発が行なわれ、高層ビルが建ち並び、遊歩道や公園などが整備されている。新たに出現した水の都と言うべきだろう。

江戸幕府は隅田川を東の守りの要《かなめ》としていたので、初めは橋を架けることを許さなかった。そのため川船による渡しが各所にあったが、江戸が百万都市に発展するにつれて、増加する交通量や流通量に対応することができなくなった。

そこで順次五つの橋を架けていく。最初は文禄《ぶんろく》三年（一五九四）に作られた千住《せんじゅ》大橋で、長さ百二十メートル、幅七メートル。関東代官頭の伊奈忠次《いなただつぐ》が熊野権現《くまのごんげん》に祈願してようやく完成したという。

二番目は万治《まんじ》二年（一六五九）に完成した両国橋である。その二年前に起こった明暦の大火で、江戸の庶民は隅田川にへだてられて逃げ場を失い、多くの人々が焼死したり溺死《できし》したりした。

防災対策の必要性を痛感した幕府は、従来の方針を改めて両国橋を架けることにしたのである。隅田川の花火大会は、この大火で犠牲になった人々を供養するために始まったといわれている。

三番目は元禄《げんろく》六年（一六九三）にできた新大橋《しんおおはし》である。両国橋が大橋と呼ばれていたので、新たにできた橋にこの名がついた。隅田川と小名木川《おなぎがわ》の合流地点の北側に芭蕉庵史跡展望庭園があるが、その上流に新大橋がかかっている。

このあたりに住んでいた芭蕉にとって、新大橋の完成は有り難いものだったらしく、

「ありがたや　いただいて踏む　橋の霜」

「初雪や　かけかゝりたる　橋の上」

という句を詠んでいる。

新大橋を描いた図で有名なのは、明治九年（一八七六）に小林清親《きよちか》が描いた『東京新大橋雨《う》中図《ちゅうず》』である。暗雲たちこめる空を背景に、木造の橋が半ばまで描かれ、橋のたもとには蛇《じゃ》の目《め》傘をさした少女が歩いている。

清親はフランスの印象派などと同じように光の効果を重視した「光線画」と呼ばれる技法を創出した。郷里の先輩作家杉本章子《すぎもとあきこ》さんは、清親の半生に取材した『東京新大橋雨中図』（文春文庫）で第百回直木賞を受賞しておられる。

四番目は永代橋《えいたいばし》。元禄十一年（一六九八）の完成だから、赤穂浪士事件が起こる四年前である。本所松坂町に移った吉良上野介《きらこうずけのすけ》の屋敷に討ち入った四十七士は、永代橋を渡って港区高《たか》輪《なわ》の泉岳寺《せんがくじ》に向かった。

永代橋の東のほとりには、「赤穂義士休息の地」がある。

義士の一人大高源吾《おおたかげんご》は、芭蕉の弟子其角《きかく》の門弟で、同門のちくま味噌初代竹口作兵衛とは俳《はい》諧《かい》の友だった。そこで作兵衛は四十七士を店に招き入れ、甘酒粥《がゆ》をふるまったという。

五番目は安永《あんえい》三年（一七七四）にかけられた吾妻橋《あづまばし》である。我々はこのうち永代橋、新大橋、両国橋の下を通り抜け、神田川に入って出発地の和泉橋《いずみばし》までもどった。

上京して四十五年、初めて川から眺めた東京は、江戸のなごりに満ちていた。

現在の日本橋は明治44年（1911）に完成。石造二連アーチ橋。

日露戦争ゆかりの勝鬨橋。左の茶色いビルは住友生命東京本社ビル。

浜離宮。甲府藩下屋敷として建てられ、後に将軍家別邸となった浜御殿の庭園。宮内省管理を経て現在は都立庭園として親しまれている。

赤穂義士ゆかりの永代橋。東京スカイツリーとの共演は現在の名所図会か。

越前福井藩屋敷跡を訪ねる

お江戸の水路めぐりを終えて和泉橋《いずみばし》までもどると、中央区教育委員会の総括文化財調査指導員の仲光克顕《なかみつかつあき》さんが待っておられて、霊岸島《れいがんじま》に案内して下さった。

水も漏《も》らさぬ連携の良さは、同行した水本和美先生のご人徳のお陰である。先生と皆さんは長年の研究仲間で、先生の紹介ならひと肌脱ごうと駆け付けていただいたのだった。

霊岸島は隅田川《すみだがわ》、日本橋川、亀島川《かめじまがわ》に囲まれた地域で、この地に関東十八檀林《だんりん》（浄土宗の学問所）の一つ霊巌寺《れいがんじ》があったことにちなんでいる。

「ところが明暦《めいれき》の大火（一六五七年）によって寺が焼け、境内や周辺で一万人近くの避難民が犠牲になりました。そこで寺は深川《ふかがわ》に移されたのです」

移動の車中で仲光さんが説明して下さった。

そうした悲劇が長く人々の記憶に残ったせいだろう。霊岸島には七不思議の言い伝えがある。島には雷が落ちないとか、南天《なんてん》を植えても実がならないといった類《たぐい》のものだ。

それを聞いて思い出したのは、宮部みゆきさんの『本所深川ふしぎ草紙』（新潮文庫）である。深川に生まれた宮部さんは、地元の歴史と地の霊から生まれたような人情味あふれる不思議物語にこだわっていて、今も『三島屋変調百物語』を書き続けておられる。

もう三十年近くご交誼《こうぎ》をいただいているが、深川という土地の成り立ちや歴史を知ることによって、宮部さんの作品の本質をより深く理解できた気がした。

案内していただいたのは「越前堀《えちぜんぼり》児童公園」だった。ここには越前福井藩、松平《まつだいら》家の浜屋敷（中屋敷《なか》）があり、まわりには舟を引き入れるための舟入堀《ふないり》がめぐらしてあった。

これを越前堀と呼び、明治維新後にも舟入りや水路として活用されていたが、関東大震災によって大きな被害を受け、埋め立てられてしまった。その後、避難所としての役割も兼ねて越前堀公園が造られ、現代の児童公園へと引き継がれていく。

公園の一角には、工事の際に出てきた越前堀の石垣が並べられ、往時をしのぶよすがとなっている。この石を結城秀康《ゆうきひでやす》や松平忠直《ただなお》も見たのだろうか——。

次に江東区中川船番所《なかがわふなばんしょ》資料館を訪ね、かつて同館に所属していた学芸員の龍澤潤《りゅうさわじゅん》さん（※）に案内していただいた。

中川船番所は、江戸の水運《すいうん》の歴史を象徴していると言っても過言ではない。

家康が築いた「運河」を見に行く

江戸に入封《にゅうほう》した徳川家康は、まず道三堀《どうさんぼり》を設置して江戸城下と隅田川を結び、次に小名木川《おなぎがわ》を完成させて隅田川と中川を、船堀川《ふなぼりがわ》（新川《しんかわ》）によって中川と江戸川（旧利根川《とねがわ》）を結び、江

（※）取材時は「深川東京モダン館」に在籍

戸城下から行徳《ぎょうとく》（千葉県市川市《いちかわし》）まで船の往来ができるようにした。

これによって行徳塩浜の塩を城下に運べるようになったばかりか、江戸川や中川の水運によって北関東と江戸の流通経路を確立し、物資や旅客の輸送の便をはかった。

こうして江戸への川船の出入りが盛んになったために、幕府は小名木川の西の出口にかかる万年橋《まんねんばし》の北側に深川番所を設置して取り締まりに当たった。

ところが明暦の大火で江戸の大半が焼失し、本所深川地域の開発が進んで江戸城下に組み込まれたために、寛文《かんぶん》元年（一六六一）に船番所を中川口に移したのである。

船番所は明治二年（一八六九）に全国の関所とともに廃止されたが、平成七年の発掘調査によって跡地が確認され、平成十五年に船番所資料館が開館する運びとなった。

「まず、この景色を見て下さい」

龍澤さんが小名木川を見下ろす展望室に案内し、東側を流れるのが中川だと説明して下さった。

今はかなり景色が変わっているので分かりづらいが、スマホで検索《けんさく》すれば歌川広重《うたがわひろしげ》が描いた『名所江戸百景　中川口』を見ることができる。画面の左下には船番所の木戸が描かれ、その前方には小名木川、中川、船堀川が満々と水をたたえて交差している。

小名木川では江戸に向かう船と江戸から出る船がすれ違っているし、中川には材木を筏《いかだ》に組んで流している者たちがいる。

そうした風景と見比べれば、現代の風景を見ていてもだいたいの情景を思い浮かべることができた。

「船番所には番頭《ばんがしら》二名、添士《そえし》二名、小頭《こがしら》二名が置かれ、交代で下《した》役人の指揮をとっていたようです。下役人は船を改め、出女《でおんな》と入《いり》鉄砲を監視していました。また船の積荷についても、届けられた証文《しょうもん》と合っているか厳しくチェックしました」

資料館の三階には、当時の番所を再現したジオラマがあった。本行徳《ほんぎょうとく》村（市川市）から酒樽を運んできた船を番所で検査する場面で、二人の役人が帳簿や証文などを確認し、一人は船の側《そば》に立って実地検分をしている。

ジオラマの横には資料が展示されていて、江戸の水運についての文書や地図などがあった。それを一冊にまとめたのが『常設展示図録』である。

この中に寛文元年に中川船番所が設置された時に掲げられた高札《こうさつ》の文言が紹介してある。

一、夜間の江戸からの出船は禁止、入船《いりふね》は許可する。

一、往来する者は番所の前で笠《かさ》や頭巾《ずきん》を脱ぐべし。乗物《のりもの》は戸を開いて通るべし。

一、女は身分の上下によらず、たとえ証文があっても一切通行を認めない。

一、鉄砲は二、三挺《ちょう》までは改めた上で通行を許可する。それ以上の時は指図を受けて通るべし。その他の武具も同じである。

その他、人が入る大きさの器は確かめるとか、囚人《しゅうじん》や怪我人《けがにん》、死人でも証文がなければ通さないとか、江戸幕府が何を警戒していたかがよく分かる。江戸の捕物帖《とりものちょう》などを書く時には、参考になることばかりである。

これに対して庶民は、次のような川柳《せんりゅう》を詠んでかなわぬ抵抗をしている。

三味線《しゃみせん》を ぱったりやめて 通ります
生酔《なまよい》の 口を押へる 船番所
笠脱げば 手拭《てぬぐ》い取れの 船番所

三味線や生酔が出てくるのは、江戸から行徳方面に川船で行楽に出かける時、芸者衆などを同乗させ、酒を酌《く》み交わしながら向かったからだ。江戸っ子だねえ、と言いたくなるようなおつな句である。

SDGsは、江戸社会の常識だった‼

徳川家康は幕府の基礎を地方分権と農本主義に置いた。

織田信長、豊臣秀吉はスペインやポルトガルの外圧に対抗するために、天下を統一して中央集権と重商主義政策を推し進めたが、秀吉が朝鮮出兵を強行して失敗したために、日本は全国的に疲弊《ひへい》してしまった。

これをどう立て直すかという問題に直面した家康は、地方分権と農本主義政策をとることによって、誰もが地域の中で生きられる貧富の差の少ない社会を創《つく》ることに成功した。

今日ではSDGs《エスディージーズ》、持続可能な開発目標を実現しなければ地球は滅亡するという主張がなされているが、江戸時代の幕藩体制こそSDGsの見本のような社会である。

ところが家康の深慮《しんりよ》をもってしても、豊かになりたい、便利に暮らしたいという庶民の欲求は抑えることができず、江戸時代の中頃になると全国的な商品流通が行なわれるようになっていく。

北前船《きたまえぶね》は日本海を通って瀬戸内海に入る西廻《にしまわ》り航路を用いて大坂に物資を運んだし、東北地方と江戸は東廻《ひがしまわ》り航路によって結ばれた。

そして大坂と江戸の間は菱垣廻船《ひがきかいせん》、樽廻船《たるかいせん》が往来し、「下《くだ》り物」と呼ばれる酒や呉服、俵物《たわらもの》（加工した海産物）を大量に江戸に運び込んだ。

一方、関東各地でも畿内から導入された技術などをもとに作られた「地廻《じまわ》り物」が川船などによって流通し、巨大消費地となった江戸に運ばれた。

幕府は三浦半島の浦賀《うらが》番所で海上交通の、関宿《せきやど》番所（千葉県野田市）と中川番所で川船の監視と管理を行ない、江戸に流入する物資を把握しようとした。

以前取材に訪れた小津和紙《おづわし》さんからいただいた『小津三百三十年のあゆみ』によれば、享保《きょうほう》十一年（一七二六）に大坂から江戸に運ばれた米は八十六万俵余、酒は七十九万樽だったという。

一方、関宿に近い境河岸《さかいがし》（茨城県猿島《さしま》郡）から川船で積み出された荷物は、安永《あんえい》四年（一七七五）には四千五百三十トン。同じ年に江戸に向かった旅客は六千四百二十二人だった。

境河岸は利根川の東岸にあり、逆川《さかさがわ》をへて江戸川に入る水運の結節点に位置している。

ここからは利根川夜船《よぶね》と呼ばれる夜行船が出ていて、午後三時頃に境河岸を高瀬舟《たかせぶね》で出発。江戸川の関宿番所で検査を受け、行人河岸に上陸して宿で休憩して夕方に出船。船中で飲食した後に就寝した。

そして眠っている間に流山《ながれやま》、松戸を通過。夜が明ける頃に下今井村新川口（船堀川口）の河岸に着き、賄宿《まかないやど》で朝食をすませ、小船に乗り替えて船堀川を西に向かった。中川番所で再び検査を受けて小名木川を通り、隅田川を越えて日本橋小網町《こあみちょう》の河岸に着いた。

また江戸から行徳まで行き、木下《きおろし》道を通って利根川沿いの木下河岸（千葉県印西市《いんざいし》）に向かい、香取《かとり》、鹿島《かしま》神社に参拝する客も多かった。天保《てんぽう》十年（一八三九）に参拝した某氏の道中記によれば、行徳から小網町間の船賃六十四文、船中の酒代は三十二文だったという。

二八そばが十六文だったのだから、船賃はずいぶん安いのではないだろうか。

「関宿を抑えることは一国を獲得するに値する」

風薫る五月、千葉県野田市の関宿城《せきやどじょう》博物館を訪ねた。

千葉県は県の地形をチーバくんというマスコットキャラクターで表示しているが、関宿はチーバくんの鼻の最先端に位置している。

この地は江戸のみならず、関東全域にとってきわめて重要な場所だった。これまで何度か触れたように、江戸湾と霞ヶ浦《かすみがうら》や東北方面とを結ぶ水運《すいうん》の結節点に位置しているからである。

東北地方の荷を運んで来た船は、霞ヶ浦に入って常陸川《ひたちがわ》（現利根川《とねがわ》）をたどり、関宿のあたりで利根川（現江戸川）に入って江戸まで下った。江戸から東北に向かう荷は、その逆のコースをたどる。

二つの川が直接乗り入れ可能だったのか、それとも積荷をいったん船から下ろし、陸路によって連絡していたのか、研究者の間でも意見が分かれるところだが、この水運が東北と江戸、そして伊勢を中心とする関西圏との水運、流通の大動脈であったことだけは確実である。

この視点を基本にすえておけば、これまであいまいだった歴史の深層がよりはっきりと見えてくる。

蝦夷《えみし》討伐の祭神とされた鹿島《かしま》、香取《かとり》神宮は、なぜあの位置に創建されたのか。下総国《しもうさのくに》を本拠地とした平将門《たいらのまさかど》は、なぜ関東全域を席巻《せっけん》する力を持ち得たのか。

関東管領《かんれい》上杉氏と対立した鎌倉公方《くぼう》足利成氏《あしかがしげうじ》は、どうして下総古河《こが》に本拠地を移し、室町幕府と対峙《たいじ》しつづけることができたのか。戦国時代になって関東制圧をめざした北条氏康《ほうじょううじやす》は、どうして「関宿を抑えることは、一国を獲得するに匹敵する」と言ったのか。

そして関東に入封《にゅうほう》した徳川家康が、道三堀《どうさんぼり》、小名木川《おなぎがわ》を整備して利根川水運と江戸をつなげようとしたのはなぜなのか……。

答えは江戸湾から霞ヶ浦にかけての水運が東日本の大動脈であり、莫大な富を生み出していたことだ。それは遠く伊勢湾までつながり、畿内に大きな影響を及ぼしたのだから、関東の水運を制する者が東日本を制すると言っても過言ではなかった。

我々は江戸時代の農本主義的な商業否定史観にならされていて、日本史における商業、流通の重要性を大きく見落としている。

関宿を中心として関東の流通や政争を見直すことは、そうした欠点を是正する有効な一歩なのである。

小田原北条氏関東支配の痕跡

関宿城博物館は利根川と江戸川が合流する地点に築かれたスーパー堤防の上にあった。

実際に城があったのは江戸川沿いにもう少し下った所だが、スーパー堤防の設置によって城跡が壊されたために、本丸の三階櫓《さんがいやぐら》を堤防の上に復元し、博物館として開館したのである。

一見すれば周囲の景色と釣り合わない印象を受けるが、関宿城の三階櫓は江戸城の富士見《ふじみ》櫓《やぐら》を模《も》して造ったという記録が残っている。そこで現存する富士見櫓を参考に復元しているので、史実にもとづいて再現したと胸を張ることができる。

しかも堤防の上に作ったことが思わぬ絶景を生んだ。三階櫓の背後に雪をかぶった富士山が思いがけないほどの大きさに見えることがあり、千葉県の博物館の中でも一、二を争う人気スポットになっている。

この日の朝七時に自宅を出た私は、隅田川《すみだがわ》、江戸川沿いに車で北上するコースをたどり、午前八時半に博物館の前に着いた。

足を休めているサイクリストの方々と話をしながらしばらく待つと、タクシーに乗っていっものクルーが駆けつけた。

今回は埼玉県立文書館の新井浩文さんと、同県歴史と民俗の博物館の水口由紀子さんに同行していただく。しかも九時の開館と同時に、博物館上席研究員の岡田光広さんが館内を案内して下さった。

一階には高瀬舟《たかせぶね》の大型模型があり、細長い船体に木綿の帆を高々と張ってあった。

「以前は実際に使っていた帆を展示していたので、四メートル近い高さを実感してもらうことができたのですが、近頃は消防法などの問題もあって畳んだままにしています」

岡田さんはいかにも残念そうだった。

三層四階建ての博物館の最上階には展望室があり、眼下の利根川や江戸川、はるか遠くの山々を一望することができた。関宿は関東平野のほぼ中央に位置しているので、四方に広がるパノラマは雄大の一言に尽きる。

「これが利根川東遷《とうせん》の様子を、年代順に記した地図です」

新井さんが四枚の地図を渡して下さった。


第一期、天正《てんしょう》四年（一五七六）から文禄《ぶんろく》三年（一五九四）。

第二期、元和《げんな》七年（一六二一）から寛永《かんえい》年間（一六二四～一六四四）。

第三期、寛永十七年（一六四〇）から寛永二十一年（一六四四）。
第四期、承応《じょうおう》三年（一六五四）の赤堀川《あかぼりがわ》の通水による工事完了まで。

関東平野の西寄りを流れていた古利根川《ふるとねがわ》は、徐々に庄内古川《しょうないふるかわ》や江戸川、そして現在の利根川へと東寄りに流路を移されていく。

それは大雨のたびに暴れ川となって洪水を引き起こす利根川を管理するための治水工事であり、流路を安定させることによって耕作地を増やすための灌漑《かんがい》事業でもあった。

「それからこれが、江戸初期の関宿城の様子を記したものです」

新井さんが渡してくれた「下総国世喜宿《せきやど》城絵図」のコピーは、正保《しょうほう》四年（一六四七）頃に幕府が諸藩に作成させた「正保城絵図《しろえず》」の中の一枚である。

前述の第三期以後の状況を描いたもので、江戸川の開削《かいさく》と庄内古川の締切り（水をせき止めて平野にする）は行なわれているが、第四期の赤堀川の通水は行なわれていない。

そのため本丸、二の丸、三の丸に分かれていた城の様子と、城の西側を流れる利根川（現逆川）の対岸に山王曲輪《さんのうくるわ》があったことがはっきりと分かる。

「当時の利根川は権現堂川《ごんげんどうがわ》が西から東に流れ、網代宿（現西関宿）のあたりで北向きに流れを変えて、城を取り巻くようにして東へ向かっていたことが分かります」

それが赤堀川（関東ローム層の赤土を掘ったのでこの名がある）を掘削《くっさく》したことによって、上流の栗橋《くりはし》から関宿まで一直線に流れるようになったのだった。

これほどの要地である関宿城を拠点としたのはどんな武将たちで、いかなる変遷をたどったのか？

新井さんの名著『関東の戦国期領主と流通』（岩田書院）を手がかりに、その概略をたどってみたい。

足利成氏が古河に本拠を移し、古河公方と呼ばれるのは享徳《きょうとく》四年（一四五五）のことだが、この頃から関宿城を預かっていたのは簗田《やなだ》氏だった。

簗田氏は城と所領の支配ばかりでなく、利根川を往来する船から舟役《ふなやく》（関銭《せきせん》や津料《つりょう》など）を徴収する権利を与えられていたが、それは簗田氏が伊勢神宮領下野《しもつけのくに》国梁田《やなだ》御厨《みくりや》の出身だったからだ。

しかも簗田氏は品川湊《しながわみなと》を拠点とする御用商人鈴木道胤《どういん》と密接な関係にあったが、この鈴木氏は熊野御師《おし》の出身と言われ、伊勢神宮ともつながりがあった。

つまり簗田氏は鎌倉公方の配下だった頃から伊勢、江戸湾、北関東の流通に従事していて、古河公方となった足利成氏は、引き続き流通ネットワークを維持する役目を果たさせようと、簗田氏に関宿城を与えたのである。

やがて戦国時代になると小田原北条氏が江戸城を攻め落とし、北関東への進出を目ざすようになる。これに対して簗田晴助は古河公方や越後の長尾景虎《ながおかげとら》（上杉謙信）らと協力して抵抗する。

永禄《えいろく》八年（一五六五）の第一次、その四年後の第二次関宿合戦では北条勢を撃退するものの、天正二年（一五七四）の第三次合戦で敗退し、関宿城を北条方に明け渡すことになった。

ところが新しい城主となった北条氏照《うじてる》（氏政《うじまさ》の弟）は、簗田晴助の家臣だった会田大膳を家臣として召し抱え、利根川水運の支配を任せる。

これは簗田御厨以来の簗田氏の隠然たる力を無視できなかったためと思われる。

天正四年九月、氏照は会田大膳の船一艘《いっそう》を自分の被官船とし、佐倉《さくら》から関宿（現利根川水系）、葛西《かさい》から栗橋（現江戸川水系）の二つのルートにおける通行の自由を認めている。

一切の舟役を免除するかわりに、戦の時には軍船として出陣する義務を負わせたものだが、注目すべきは一艘の船で二つのルートを往復することを許可していることだ。

これは二つの水系がつながっていなければ出来ないことなので、現在の利根川と江戸川は天正四年以前から水路で結ばれていたと考えられるのである。

我々は利根川東遷の現場を確かめるべく表に出た。

博物館から江戸川に向かって歩くと中の島公園があり、川沿いにコブシの巨木が列をなしていた。樹齢数百年とおぼしきもので、川沿いの土手を強化するために植えられたのだろう。

キリシタンが河川工事を担った謎

無雑作《むぞうさ》に置いてある四角い石は、利根川本流から江戸川に大量の水が流れ込まないようにするための「棒出しの石」と呼ばれるものだ。今はその役割を関宿水閘門《すいこうもん》が負っている。水門をつけたコンクリートの堤防は、古き良き時代の風格があって頼もしい感じがする。

水閘門を渡って対岸に行き、利根川との分流地点をながめられる場所を捜したが、あいにく道が通じていなかった。それにスケールがあまりに大きく、夏日のような炎天下で歩きつづける気力が続かなかった。

中の島公園に引き返し、関宿城跡に行った。本丸跡はスーパー堤防の建設によって破壊され、かろうじて関宿城趾《じょうし》と記した石碑と、野田市教育委員会が設置した案内板があるばかりだった。

そこからさらに下ると、かつて江戸城の開削によって新しい宿場（新宿）がもうけられた江戸町があり、関宿関所跡の碑が立ててあった。

そこから城下の中心街があった内町《うちまち》、元町《もとまち》へと回り、観照山宗英寺《そうえいじ》に立ち寄った。境内には古河公方だった足利晴氏《はるうじ》（一五〇八〜一五六〇）の墓もあった。

晴氏の正室は簗田晴助の姉なので、北条家との戦いに敗れた後にこの地で隠棲《いんせい》していたのである。

「ここを見て下さい。一段低くなっているでしょう。かつて大沼があった低湿地だったのです」

新井さんが寺の裏の墓地をさして教えて下さった。

先にいただいた「下総国世喜宿城絵図」と見比べると、大沼の形をなぞるように一段低くなっていることがよく分かる。墓地には初代関宿藩主で、徳川家康の異父弟である松平康元《まつだいらやすもと》の墓もあった。

「利根川東遷の事業は、江戸時代になると伊奈忠次《いなただつぐ》に引きつがれたと聞きましたが、キリシタンにまつわる伝承はありませんか」

私がそんなことをたずねたのは、伊奈忠次はキリシタンの信仰を黙認するかわりに、彼らを土木作業の現場などで働かせていたという説を読んだことがあったからだ。

「そんな伝承は残っています。この近くにもマリア地蔵がありますよ」

新井さんが近くの墓地にあるマリア地蔵まで案内して下さった。

子胎延命地蔵《こそだて》の形を取っているが、錫杖《しゃくじょう》の上に十字架が刻んであることや、キリスト教の仮託礼拝物であるヘビや魚が描かれてあることから、潜伏キリシタンの信仰の対象だと考えられているという。

それは伊奈忠次のもとで大勢のキリシタンが働いていたことを、今に伝えているのかもしれない。

利根川洪水との血みどろの戦い

江戸川にかかる関宿橋《せきやどばし》を渡り、中川《なかがわ》沿いの道を南に下ると、幸手《さって》市郷土資料館がある。十五年の歳月をかけて行なった市史編さん事業の成果を生かすために、平成三十年十月に開館したもので、常設展示室には五五〇〇年前の縄文時代から現代までの幸手市の歴史やゆかりの人物が紹介してある。

目を引かれたのは、縄文海進の頃の「奥東京湾」の絵図だ。何と東京湾の最奥部は群馬県館林市のあたりまで湾入していて、幸手は入江の東岸に位置する海辺の里だった。

「潮騒《しおさい》の聞こえる槙野地《まきのじ》に、幸手の歴史が始まりました」

絵図にはそんな詩的な説明が添えられている。槙野地の遺跡からは縄文土器や大量の貝殻が発見されていて、当時の生活ぶりをうかがうことができる。

資料館の裏には廃校となった吉田中学校の木造校舎があり、昭和以前に使われていた民具が展示してある。

館長の原太平さんから貴重な資料をいただいた。資料館の開設を記念した特別展『権現堂《ごんげんどう》堤《づつみ》の歴史』の図録である。

表紙に「桜のまち幸手市の宝物」と記されていることからも、権現堂堤が幸手市民にどのように認識されているかが分かる。

高さ約五メートル、長さ約一キロにも及ぶ堤には桜が植えられ、今では桜と菜の花の名所になっているが、地元の住民にとっては利根川《とねがわ》の洪水から命と暮らしを守る砦《とりで》としての役割が大きかった。

図録の最初にかかげられた略年表がそのことを表している。

宝永《ほうえい》元年（一七〇四）に堤が初めて決壊して以来、一七五七年、一七七二年、一七八〇年と決壊をくり返し、大きな洪水被害をもたらした。

天明《てんめい》三年（一七八三）には浅間山《あさまやま》の大噴火により、火山灰が河底に堆積《たいせき》して洪水を起こしているし、一七八六年、一八〇二年にも堤が決壊している。

これを何とか防ごうと、一八二六年には堤に松の苗木千三百本を植えている。

後に桜が植えられたのも、根を張って堤の決壊を防いでくれるようにと願ってのことで、満開の花をつける桜並木の背後には、洪水との血みどろの戦いがあった。

中でも安政《あんせい》二年（一八五五）に起こった大地震の被害は甚大で、「権現堂堤が大破する」と略年表に記されている。

幕末にもあった利根川大水害

現代の我々も地球温暖化の影響による大雨、洪水の被害に直面しているが、安政年間における洪水の被害は深刻だった。

安政の三大厄災と言えば、安政大地震、安政の大火、コレラの流行で、これが幕府の崩壊に拍車をかけたことはよく知られている。

ところが安政の洪水はあまり注目されていないので、少し詳しく見てみたい。安政二年には伊予《いよ》（愛媛県）で暴風雨と洪水が起こり、翌年には江戸が台風に直撃されて暴風雨、高潮の被害を受けた。

これが「安政三年の大風災」と呼ばれるもので、大風により火災が発生したこともあって、死者は十万人にのぼった（諸説あり）という。安政四年五月から七月にかけては土佐（高知県）が暴風雨と洪水の被害にみまわれ、安政六年（一八五九）には関東一帯が大洪水に襲われた。

権現堂堤はこうした災害から、地元ばかりか遠く離れた江戸の町も守っている。そうした意識は早くからあったようで、御府内御囲堤《ごふないおかこいつつみ》と呼ばれていた。

江戸川水系でつながっていることが、水運《すいうん》の利便をもたらすと同時に、水害の被害も招き寄せる。地元にはこうした災害に備えて水塚《みづか》が作られていた。

その模形は関宿城博物館で拝見したが、

「近くに栗橋宿から移築した水塚があります。行ってみましょうか」

新井浩文さんと水口由紀子さんに案内されて、栗橋《くりはし》文化会館の敷地内にある吉田家水塚を訪ねた。

水塚とは洪水に備えて自宅敷地内に塚を築き、その上に避難用の土蔵を建てたものである。家が浸水した場合には水塚に家財を保管し、食料や飲用水を運び込んで家族や周辺住民が避難した。

吉田家水塚は日光道中《にっこうどうちゅう》（街道）の栗橋宿で江戸時代から商家を営んできた吉田家の敷地内にあったもので、塚の高さは約二メートル。塚のまわりを大谷石《おおやいし》で囲み、洪水でも塚が浸食《しんしょく》されないようにしていた。

塚の上には二階建ての土蔵が二棟あり、大蔵、向蔵《むこうぐら》と呼ばれている。大蔵は江戸時代末期、向蔵は明治三十七年に建てたものだが、平成十六年から始まった利根川の堤防強化対策事業にともない、現在地に移築、復元されたのである。

土蔵は厚い壁を白漆喰《しっくい》で塗った立派なもので、洪水の時には水が引くまでこの中で寝泊まりした。もしかしたら大蔵は安政六年の大洪水も経験し、多くの人の命を救ったのかもしれない。

土蔵は展示室になっていて、日光道中や将軍家の日光社参《しゃさん》、栗橋関所《せきしょ》の様子などを記した資料が展示されていた。

その中に「吉田家水塚展示案内」があり、移築前の水塚や大正時代の吉田家の店先の写真が紹介してあった。

吉田家の先祖は栗橋宿ができた時、元栗橋（茨城県五霞《ごか》町）から移住したようで、今の当主で十三代目になるという。

二階に上がる階段は狭く急である。スペースを最大限に利用するための工夫だが、その階段を見て石川県の手取川《てどりがわ》沿いに住む友人の家を思い出した。

「子供の頃には、手取川が氾濫《はんらん》するたびに床上まで浸水したので、畳も床板も二階に運び上げていたよ。脱出や連絡のための小舟もあって、それに乗って遊んでいたものだ」

この友人宅や水塚のように、昔は災害に備えて暮らしの工夫をこらしていたのである。

栗橋文化会館から栗橋宿に向かった。ここでは堤防強化対策事業に伴い、平成二十四年から発掘調査が行なわれている。宿場を広範囲に発掘した事例は全国的にも珍しいという。

現在も調査は続けられていて、江戸時代の初めから幕末までの歴史や生活の変化がうかがえる発掘成果が、次々に発表されている。

宿場は利根川の西側、南北に一直線に続く日光道中沿いにあった。その長さは一キロばかりで、幸手へと続く南の口は敵の侵入を防ぐ枡形《クランク》道路になっている。

北の口は東に向かって直角に折れ、利根川の房川《ぼうせん》渡しに続いている。渡し場の近くには、往来する者たちを取り締まるための関所があった。

「日光道中は江戸の日本橋が出発点で、栗橋までの距離はおよそ十四里（約五十五キロ）です。宿場は七つ目、関所は日光道中ではここだけです。宿場には街道の西側に店が軒をつらねていました。今もその名残がありますが、京都などで『うなぎの寝床』と呼ばれる間口《まぐち》が狭く奥行きが長い短冊《たんざく》形の地割りです」

水口さんが目を向けられた先には、なるほど、そのような形をした老舗が風格のある古い屋根瓦をのせて建っていた。

間口は三間半（約六・二メートル）、奥行きは三十間（約五十四メートル）だったというので、京都に比べるとはるかに大きい敷地である。日光道中は奥州にもつながっていて人通りが多く、利根川水運の要地でもあったので商売も繁盛した。

文政《ぶんせい》年間（一八一八〜一八三〇）に作られた町割図には、本陣一軒、脇本陣《わきほんじん》二軒、旅籠《はたご》二十二軒のほか、荒物屋、青物屋、舟問屋など五十種類の店が記されている。

水口さんは宿場の北の口まで我々を案内すると、

「道の東側に本陣、西側に二つの脇本陣が向かい合って建ち、参勤交代の大名などに利用されました。関所は土手の向こう側にあって、北西のあのあたりに関所に勤務した番士《ばんし》の屋敷がありました」

それぞれの方向を指して説明して下さった。

番士屋敷の東には強化堤防として高々と築いた堤防があり、真新しい神社が建っている。洪水をさけるために、旧堤防の側《そば》にあった八坂《やさか》神社を移築したのである。

宿場の中ほどには西から接続している道があり、「日光御廻道《おまわりみち》」と呼ばれている。利根川が氾濫した場合には、日光道中が使えなくなることがあるので、幸手宿に向かう予備の道を設置したのだった。

利根川は昭和二十二年（一九四七）九月のカスリーン台風の時も大氾濫を起こし、権現堂堤を決壊させている。

そうした水害や被害を防ぐためのスーパー堤防などの建設によって、川も河川敷の様子も大きく変わっているので、関所があった頃の情景をしのぶことはできない。

出女、入り鉄砲に人見女

ただ浮世絵師の歌川広重《うたがわひろしげ》が残した「栗橋関所」を描いた絵があり、河川敷の高台に建っていた茅《かや》ぶきの関所の様子をうかがうことができる。

背後に松林が生い茂る関所には、主殿に三人、別棟に二人が描かれているように見える。番士は四家で任に当たっていたというが、中川船番所《なかがわふなばんしょ》のように番頭《ばんがしら》、添士《そえし》、小頭《こがしら》、下役人《したやくにん》などの役職があったのだろう。

関所の前庭には逃亡を防ぐための柵《さく》がめぐらされ、今しも渡し舟が客を乗せて河岸《かわぎし》に舟をつけようとしているところである。

幕府によって関所がもうけられたのは寛永《かんえい》元年（一六二四）頃で、明け六つ（午前六時頃）に開門、暮れ六つ（午後六時頃）に閉門した。江戸市中の木戸も同じだが、これは人の顔を見定める明るさがあるかどうかによって決められていた。

旅人は名主《なぬし》が発行する「関所手形」を関所に提出し、それに押された印影が事前に名主が届け出ているものと一致すれば通ることを許された。

厳しくチェックされたのは、例のごとく「出女《でおんな》、入り鉄砲」で、女性は身元、行き先、旅の目的などを詳細に記した「女手形」が必要で、取り調べには「人見女《ひとみおんな》」と呼ばれる専任の女性が当たった。

関所破りの重罪をおかした者は、火あぶりの刑に処せられた。そうして刑死した者を哀れんで地域の人々が建てた焙烙《ほうろく》地蔵が、宿場の南口の側に立っている。

実は「奥の細道」の旅に出た松尾芭蕉《まつおばしょう》と門弟の河合曾良《かわいそら》も、元禄《げんろく》二年（一六八九）三月二十八日にこの関所を通っている。

芭蕉らは三月二十七日に江戸を発《た》ち、この日は春日部《かすかべ》に泊まり、翌日に栗橋の関所にさしかかった。

曾良は旅日記に「此日《このひ》栗橋ノ関所通ル、手形モ断《ことわり》モ不入《いらず》」と記しているので、手形を改められることも訊問《じんもん》を受けることもなかったようである。

中川船番所を通った小林一茶《いっさ》も、役人の取り調べがゆるやかだったと記し、「茨《ばら》の花　爰《ここ》をまたげど　咲《さき》にけり」の句を残している。非常時はともかく、平時にはこれほど手ぬるかったのかもしれない。

大変なのは将軍家の日光社参の時だった。

徳川家康が日光東照宮《とうしょうぐう》に祀《まつ》られて以来、歴代将軍は家康の命日の四月十七日に東照宮に参拝するのが恒例となった。将軍の中で実際に参拝した者は六人。回数は十七回で、三代将軍家光《いえみつ》は九回も社参している。

最後となったのは天保《てんぽう》十四年（一八四三）の十二代将軍家慶《いえよし》の社参で、その様子は長谷川園吉《はせがわそのきち》の『日光御社参栗橋渡船橋《ふなばし》の図』に活写されている。

日頃は渡し舟が行き交う房川の渡しに船橋がかけられ、将軍は駕籠《かご》に乗って渡った。

船橋を記した絵図が吉田家水塚に展示してあるが、高瀬舟《たかせぶね》五十一艘《そう》を鎖で固定し、舟と舟を虎綱《とらづな》という大綱で結び合わせ、その上に板を隙間《すきま》なく敷き詰めて橋とする。長さは百五十一間

（約二七五メートル）で、総勢十万人が橋を渡ったという。

「船橋の図」には栗橋関所も描き込まれ、敷地内にはいかめしげに突棒《つくぼう》、袖がらみ、刺《さ》す股《また》が立てられている。警戒が厳重なことを示し、「ちゃんとやってますよ」とアピールしているのだろう。

旅の終わりに、栗橋駅近くの静御前《しずかごぜん》の墓に詣《もう》でた。あまり知られていないが、静御前は源《みなもとの》義経《よしつね》が奥州に下向した後、その後を追って平泉《ひらいずみ》に向かった。

その途中に義経が討死《うちじに》したことを知り、下向をあきらめて都にもどろうとしたが、失意のあまり病気になって久喜《くき》市伊坂《いさか》（旧名静村）で亡くなった。

そこでこの地にあった高柳寺（現・光了寺《こうりょうじ》）に葬ったという。命日の九月十五日には静御前墓前祭が行なわれている。地元の学生が静御前に扮《ふん》する祭りもあるというので、一度訪ねてみたいものである。

現在の小名木川。「川」と呼称されるが実際には徳川家康の命で築かれた全長約５㎞の「運河」である。

幸手市権現堂のマリア地蔵。錫杖《しゃくじょう》の上に十字架が刻んである。江戸時代のこの地に隠れキリシタンの信仰があったことがわかる。

利根川と江戸川の分流地点（千葉県野田市関宿）をドローンで上空から撮影（左が利根川）。徳川家康が号令を発した事業のスケールの大きさを実感する。

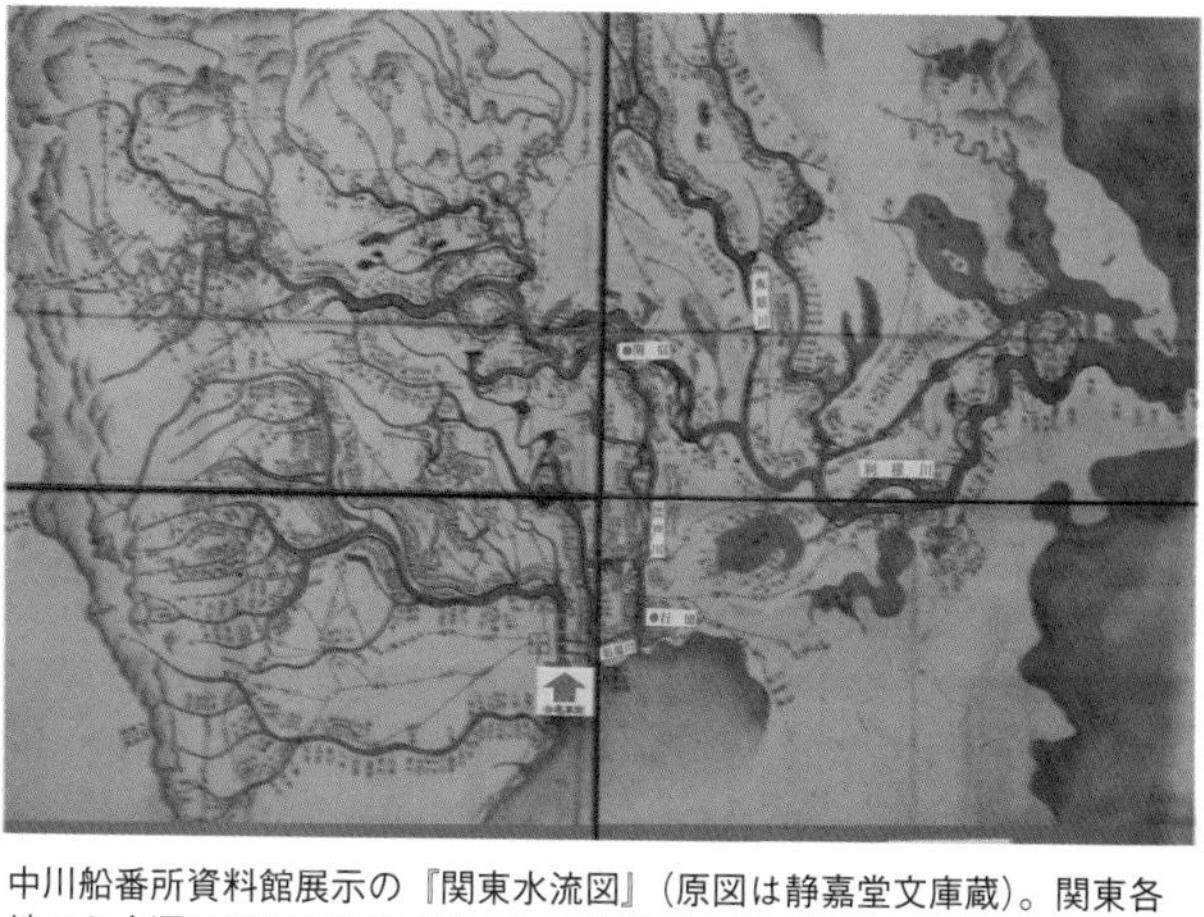

中川船番所資料館展示の『関東水流図』（原図は静嘉堂文庫蔵）。関東各地から水運で江戸に物資が運ばれた様子が一目瞭然。

家康コラム② 家康を支えた家臣団「徳川四天王」「徳川十六将」

編集部編

今川義元や織田信長などに目をかけられた家康は、主君への忠誠心が厚く、家康のために尽くした家臣団にも恵まれた。ここでは、俗に「徳川四天王」と称される武士団に加えて「徳川十六将」についても触れたい。

酒井忠次 大永七年（一五二七）生まれ。松平家の譜代家臣としては最古参の安祥《あんじょう》譜代で、徳川家臣団の筆頭格。家康より十五歳年長の「兄貴格」で、家康が駿府へ人質になった際には、同族の酒井正親とともに、駿府で家康の身辺に仕えた。多くの家康家臣が一揆側についた三河一向一揆でも家康の側を離れず、姉川の合戦など多くの合戦に従軍。子孫は、出羽庄内藩主家として続いた。幕末の庄内藩は、奥羽越《おううえつ》列藩同盟の一員として会津藩とともに新政府軍に対抗し、最後の最後まで徳川家に忠義を尽くした。藤沢周平の小説作品に登場する「海坂《うなさか》藩」のモデルは庄内藩だ。

榊原康政 天文十七年（一五四七）生まれだから、家康とは六歳、酒井忠次とは二十歳近くも離れている。十三歳で家康に小姓として見出され、十六歳の時、三河一向一揆の際に家康軍として初陣を飾る。康政の「康」の字は、家康の偏諱《へんき》である。三方ヶ原、姉川、長篠など家康が浜松城在城時代の主要合戦にはすべて参陣し、特に姉川合戦の際には大きな武功をあげたという。家康が秀吉と雌雄を決した小牧・長久手の戦いでは、秀吉に対して、〈夫《そ》れ羽柴秀吉は野人の子〉などと誹謗中傷する檄文《げきぶん》を作ったことでも知られる。江戸時代の榊原家は館林、白河、姫路、村上など移封を繰り返して、越後高田で幕末を迎えた。この間、幾度か改易の危機があったものの藩祖康政の功を以て御取り潰しを免れたという。

本多忠勝　榊原康政と同じ天文十七年生まれ。通称「平八郎」。桶狭間合戦の前哨戦だった大高城への兵糧入れが初陣。生涯五十数回の合戦に出陣し、傷を負ったことがなかったという。手柄の数もけた違いということで、「家康に過ぎたるものが二つあり、唐《から》の頭《かしら》に本多平八」などとうたわれた。さらには信長や秀吉もその存在を激賞、家康配下の武将の中でも抜群の軍功をあげた。本多忠勝といえば、大鹿角の脇立てが印象的な兜の肖像画（良玄寺蔵／千葉県立中央博物館大多喜城分館寄託）で知られる。肖像画が千葉県に蔵されているのは、忠勝が上総大多喜《おおたき》藩初代藩主だったため。忠勝以降の「本多平八郎家」は、十回もの転封を経て、幕末を徳川家の故地岡崎藩主として迎えた。

井伊直政　永禄四年（一五六一）生まれ。幕末に大老井伊直弼《なおすけ》を輩出する井伊家から徳川四天王に名を連ねた井伊直政は、家康よりも二十歳も年少だったから同じ四天王でも酒井忠次とは三十歳以上離れていた。さらに四天王のほかの三名は譜代古参の家臣だったが、唯一の新参格だった。元服も二十歳を過ぎてからで、本能寺の変後の「伊賀越え」には、忠次、康政、忠勝の四天王を含む三十四名で家康を護衛した。家康が江戸移封となった後は、上野箕輪《こうずけみのわ》領を経て、石田三成の居城だった佐和山を与えられた。直政は、関ケ原合戦の二年後に戦傷の悪化で四十二歳で亡くなった。領内の彦根に城を築いたのは、直政の跡を継いだ直勝だ。

※

家康には、「徳川四天王」に、平岩親吉、渡辺守綱、大久保忠世、大久保忠佐、内藤正成、鳥居元忠、鳥居忠広、高木清秀、蜂屋貞次、服部半蔵、米津常春、松平康忠を加えた「徳川十六将」がいた。結束固い忠義の家臣の存在が家康を支えたのである。

第三章●大陸と京都を繫いだ越前と家康飛躍編（敦賀半島ほか）

家康、信長、秀吉、三英傑が集結！越前の要衝・金ヶ崎の戦い

大陸との交流の表玄関だった敦賀に鎮座する気比神宮

日本の表玄関だった敦賀

大谷吉継と敦賀城

若き家康も参陣した金ヶ崎の戦い

炎天下三十六度下の後瀬山城登城と鯖街道

神仏習合時代の雰囲気を伝える神宮寺

京都の外港として栄えた敦賀

敦賀《つるが》への取材には京都の仕事場から行くことにした。

午前九時四十二分の京都発サンダーバード十一号に乗れば、十時三十三分には敦賀駅に着く。所要時間は五十一分。通勤も可能なこの近さが、敦賀の重要性を物語っている。

敦賀は昔から日本海交易の主要な港として栄えていた。廻船《かいせん》の寄港地としては外洋に近い三国湊《みくに》（福井県坂井市）のほうが重宝されていたが、そこで下ろされた積荷は別の船に積み替えて敦賀まで運ばれた。

敦賀からは七里半《しちりはん》街道を通って海津《かいづ》に出て、琵琶湖水運によって大津《おおつ》に至る。そこから山科《やましな》を抜けて粟田口《あわたぐち》に入るコースが、日本海と京都を結ぶ流通の大動脈だった。

七里半街道の名は、敦賀と海津の距離が七里半（約三十キロ）だったことに由来する。早朝に敦賀を出れば、夕方には海津に着ける道のりである。

その先は琵琶湖を渡る船便があるのだから、積荷の輸送ばかりでなく都と北陸を往来する旅人にも利用された。

敦賀は古くから日本海における京都の外港としての役割を果たしてきた。敦賀湾に臨む金ケ《かねが》崎《さき》城が、南北朝時代や戦国時代に争奪の的となったのも、そうした重要性があったからである。

絵師・長谷川等伯《はせがわとうはく》を主人公とした『等伯』という小説を書いた時、私は何度も敦賀に取材に行った。

能登《のと》の七尾《ななお》で生まれた等伯は、三十三歳の時に家族を連れて上洛《じょうらく》した。その時、七尾から日本海沿いの羽咋《はくい》に出て外洋船で敦賀に入ったと考えられる。それに関する記録や伝承がないか、寺社や図書館などを訪ねて探したのだった。

時は元亀《げんき》二年(一五七一)、越前《えちぜん》を領する朝倉義景《あさくらよしかげ》は、織田信長《おだのぶなが》との熾烈《しれつ》な戦いを続けていた。近江《おうみ》に向かう七里半街道は織田軍によって封鎖されていたので、等伯は家族を連れて行くことはできなかったはずである。

そこで妻子を敦賀において、尾根伝いの道をたどって京都に向かった。そのために信長の比《ひ》叡山《えいざん》焼き打ちに遭遇《そうぐう》する、という構想が生まれた。

福井県は木の芽峠を境に嶺北《れいほく》と嶺南《れいなん》に分かれている。今回はそのうち嶺南の敦賀と小浜《おばま》を中心に回ることにした。

日本三大木造大鳥居

敦賀駅でいつものメンバーと待ち合わせ、車で氣比《けひ》神宮に向かった。

うっそうと木々が生い茂る境内の入口に、朱塗りの大鳥居がある。その前で敦賀市教育委員

敦賀
敦賀湾
2km
N
常宮神社
海辺の宿 長兵衛
金ケ崎城
敦賀赤レンガ倉庫
西福寺
氣比神宮
敦賀市立博物館
敦賀駅
JR北陸本線
向出山古墳
敦賀JCT
北陸自動車道
小浜
小浜城跡
海の駅若狭おばま
南川
八百比丘尼入定洞穴
小浜市立図書館
空印寺
八幡神社
蓬嶋楼
JR小浜駅
小浜駅
後瀬山城跡
妙興寺
東光寺
本行寺
600m
15km
加賀IC
東尋坊
三国港駅
三国湊
北陸自動車道
えちぜん鉄道三国芦原線
福井駅
一乗谷駅
福井IC
一乗谷朝倉氏遺跡
敦賀
敦賀駅
JR北陸本線
若狭国吉城歴史資料館（国吉城跡）
若狭湾
美浜駅
新疋田駅
羽賀寺
東小浜駅
敦賀運河疋田舟川
近江塩津駅
七里半街道
JR小浜線
小浜
国分寺跡
JR湖西線
若狭姫神社
熊川宿
神宮寺
鵜の瀬
舞鶴若狭自動車道
助太郎
根来坂
琵琶湖
針畑峠
朽木谷
安曇川駅
米原駅

会の奥村香子学芸員が迎えて下さった。京都の大学で学んだ後、敦賀市役所に職を得られたという。

「氣比神宮は北陸道の総鎮守です。主祭神は伊奢沙別命《いざさわけのみこと》で、御食津大神《みけつおおかみ》とも呼ばれています」

神社が創建されたのは七〇二年で、大和《やまと》朝廷が藤原京の建都や大宝《たいほう》律令の制定などによって、中央政権としての体制を固めつつあった頃である。

この年には粟田真人《あわたのまひと》を大使とする遣唐使《けんとうし》が派遣され、白村江《はくそんこう》の戦い（六六三年）以来断交していた唐との国交回復にも着手している。

そうした時期に氣比神宮が創建されたのは、朝廷の勢力が北陸に及んだ（勢力下に組み込んだ）ことを示しているのだろう。

「この大鳥居は春日《かすが》大社、厳島《いつくしま》神社と並ぶ日本三大木造大鳥居と称されています。神社は戦争中の空襲によって焼失しましたが、この大鳥居は焼けずに残ったのです」

高さは約十一メートル、主柱の間が約七・五メートルの朱塗りの鳥居には堂々たる風格がある。敦賀まつりの時に六基の山車《やま》がこの前に整列する姿は壮観だという。

我々は鳥居をくぐって境内に入った。参道の右手には社務所があり、その奥に松尾芭蕉《ばしょう》の碑があった。

「奥の細道」をめぐる旅に出た芭蕉は、奥州から北陸へと歩を進め、元禄《げんろく》二年（一六八九）旧暦八月十四日に敦賀に着いた。

時は秋。中秋の名月を氣比神宮で見たいと思った芭蕉は、旅館の主人に明日の夜も晴れるだろうかと尋ねた。

すると主人は北陸の天気は変わりやすいので、今夜のうちに見に行った方がいいと勧めた。そこで疲れをおして出かけ、美しい月を見て次の句を詠んだ。

名月や 北國日和《ほっこくびより》 定めなき

神宮の大鳥居の前ははかつて沼地だった。そこで正安《しょうあん》三年（一三〇一）にこの地を訪れた遊《ゆ》行上人他阿《ぎょうしょうにんたあ》は、参拝者の不便をなくそうと海岸から砂を運んで埋め立てた。

その故事に心を打たれた芭蕉が詠んだのが次の句である。

月清し 遊行のもてる 砂の上

芭蕉の句碑には、『奥の細道』に載せられた二つの句の他に四句が刻まれている。どうやら翌日は雨が降ったようで、

月のみか 雨に相撲も なかりけり

という妙味のある句もある。

境内で予定されていた奉納相撲が中止になったことが、よほど残念だったのだろう。

廻廊《かいろう》をめぐらした拝殿《はいでん》の外には旗掲松《はたかけのまつ》がある。他阿がこの地を訪ねた三十五年後、延元《えんげん》元年（一三三六）に気比社の宮司気比氏治《けひうじはる》は後醍醐《ごだいご》天皇方として挙兵したが、金ヶ崎城の戦いに敗れて一門ことごとく討死《うちじに》した。

この旗掲松はその時に気比大明神《だいみようじん》の神旗《しんき》を掲げたことに由来するという。初代の松はすでに枯れて根株だけになっているが、二代目の若木が青々と枝を広げて成長の勢いを示していた。

拝殿に参拝して旅の安全と心願成就を祈った後、境内の東にある角鹿《つぬが》神社を訪ねた。祭神は都怒我阿羅斯等《つぬがあらしと》。崇神《すじん》天皇の時代に来着した朝鮮半島の大加羅《から》国の王子だと伝えられている。

大加羅国とは三世紀から六世紀中頃まで朝鮮半島南部にあった加羅（伽耶《かや》）のことだろう。加羅は任那《みまな》と同様に倭国《わこく》と親交を結んでいたが、常に北方の新羅《しらぎ》や百済《くだら》の圧迫を受けていた。そこで両国を討つために決行されたのが、神功《じんぐう》皇后の三韓《さんかん》征伐だった。

氣比神宮には仲哀《ちゅうあい》天皇と神功皇后も祀《まつ》られ、毎年七月二十二日には仲哀天皇が常宮《じょうぐう》神社にいる神功皇后に会うために海を渡る様子を再現した総参祭《そうまいりのまつり》も行なわれている。

これは敦賀と朝鮮半島が、古くから密接な関係にあったことをうかがわせる。日本海沿岸の要地には加羅からの渡来民が多く住み、故郷と連絡を取り合っていたのだろう。

都怒我阿羅斯等がこの地にやってきたのは、そうした人々の求めに応じてのことかもしれない。

彼を祀った角鹿《つぬが》神社から敦賀の地名が生まれたという言い伝えも、渡来人たちの影響力の大きさを示している。

彼らと深い関わりを持っていた神功皇后が、夫の仲哀天皇を説得して加羅を救うために出陣した。この作戦は成功したものの、やがて加羅も任那も新羅に滅ぼされることになったと思われる。

加羅は洛東江《らくとうこう》流域に栄えた国で、高い製鉄技術を持っていたが、そうした技術が敦賀に伝わり、刀剣の製作に従事する人々が越前町の剣《つるぎ》神社を創建したと考えられる。

神社の神官であった織田家の子孫の中から信長が現れ、越前の支配をめぐって朝倉義景と激突するのも、何かの因縁かもしれない。

境内の一角には土公《どこう》があった。天筒山《てづつやま》に降臨した伊奢沙別命が、この地に降り立ったと伝えられる場所である。

今や石垣で丸く囲まれた塚のようになり、雑木が生い茂っているばかりだが、その後方に見える天筒山は見事だった。

これまでは金ヶ崎の方からばかり見ていたので、馬の背のように続く尾根の一角としか思えなかったが、土公の方からながめると大和三山《さんざん》のような神《かん》さびた三角形の姿をしているのである。

秀吉・光秀が共に戦った金ヶ崎の戦場

次に金ヶ崎城跡に向かった。

九月とはいえ真夏のような猛暑である。フェーン現象によって気温は三十五度近いし、照りつける日射しは身を焼くように熱い。

我々はなるべく木陰を選んで山を登り、金崎宮《かねがさきぐう》の前に出た。建武《けんむ》四年（一三三七）三月この地で戦死した尊良《たかなが》親王と、京都に連行されて毒殺された（諸説あり）恒良《つねなが》親王を祀ったものだ。

その前年、足利尊氏《あしかがたかうじ》勢に都を追われた後醍醐天皇は、比叡山に逃れて再起をはかったが、状況は圧倒的に不利だった。

そこで天皇は皇子である恒良親王に皇位と三種の神器をゆずり、新田義貞《にったよしさだ》らとともに北陸に逃れるように命じた。

一行は寒中の木の芽峠を越えて敦賀にたどりつき、気比社の宮司である気比氏治の助力によって金ヶ崎城に入った。先に見た旗掲松はこの時のものである。

入城は十月十三日。すでに北陸では雪が舞う季節である。これを知った越前守護の斯波高経《しばたかつね》は、ただちに大軍をひきいて城を包囲し、兵糧攻めにかかった。

耐えること四か月あまり。翌年三月の雪解けを待ち、義貞は身方《みかた》をつのって包囲軍を蹴《け》散らそうと城外に忍び出た。ところがその隙《すき》に城は斯波勢の猛攻を受け、義貞の嫡男義顕《よしあき》は尊良親王とともに討死、恒良は捕らえられて都に連行された。

金崎宮はこうした悲劇に由来する神社だが、花換まつりという雅《みやび》やかな行事を伝えている。尊良親王がこの地で恋を成就したという伝説にちなみ、参拝した男女が桜の小枝を交換することによって想いを伝え合うという古式ゆかしい祭りである。

神社の横の道を奥に進むと、尊良親王御陵墓見込地の碑が立っていた。見込地だから正確かどうかは分からないが、親王がここで討死したのはまぎれもない事実である。

私は『義貞の旗』（集英社文庫）という作品で、不安を抱えながらも金ヶ崎城を抜け出す新田義貞の姿を描いたので、その小さな碑がひときわ感慨深かった。

金ヶ崎の西側は険しく切り立ち、眼下に敦賀湾が広がっていた。湾の西には敦賀半島、東には北に連なる山々が続き、湾は細い水路となって外洋につながっている。この地が港を支配するための要害であったことが、ひと目で分かる景色である。

元亀元年（一五七〇）に信長が朝倉義景を攻めたのも、この港を奪い取るためだったと私は考えている。

足利義昭《よしあき》を奉じて上洛し、畿内の支配権を確立しようとした信長にとって、もっとも重要なのは港を支配して海外貿易を独占することだった。港の支配によって得られる津料《つりょう》（港湾利用税）や関銭《せきせん》（関税）は莫大なものだったし、南蛮貿易によって火薬の原料である硝石《しょうせき》や弾丸にする鉛を輸入していたからである。

すでに伊勢湾と堺を支配していた信長の次の目標は、北の敦賀と小浜、南の雑賀《さいか》（和歌浦《わかのうら》湾）を支配することだった。そうすれば貿易の利と軍需物資を独占できる。

信長はそう考え、幕府の命令に背いたという理由で朝倉攻めを強行したが、浅井長政《あざいながまさ》の裏切りによって退却せざるを得なくなった。

これを「金ヶ崎の退《の》き口《ぐち》」と呼ぶ。信長にとって義弟の長政に裏切られる痛恨事だったが、木下秀吉、明智光秀《あけちみつひで》、徳川家康らが殿軍《しんがり》をつとめ、何とか窮地を脱したのだった。

こうした地政学上の要地だったせいか、金ヶ崎には古墳まであった。明治末期に発見された円墳《えんぷん》から、竪穴式《たてあなしき》石室や直刀《ちょくとう》、鏡などが発見されたのである。

「他にも古墳がみつかっているのですが、史跡公園としての整備を優先しているので、発掘調査が進まないままなのです」

奥村さんはそれがいかにも残念そうだった。

古代史の全貌《ぜんぼう》を明らかにするためにも、調査が進むように祈るばかりである。

金ヶ崎城堀切。織田信長が朝倉攻めの際に金ヶ崎で浅井長政の裏切りを知り、退却した故事が有名。史上多くの合戦の舞台となり血が流された（左から筆者、敦賀市の奥村香子学芸員、三重大学の藤田達生教授）。

焼米石出土跡
この付近は戦国時代 金ヶ崎城の
兵糧庫があり織田朝倉の攻防戦で
落城の際倉庫は焼け落ちその焼米
が後に出土したと伝えられる。

金ヶ崎古戦場碑（左）。右は、戦国時代に金ヶ崎城の兵糧庫があった場所とされ、炭化した焼き米が見つかった。

金ヶ崎城跡から敦賀湾を望む。家康を始め、信長、秀吉、光秀らの戦国武将たちも見たであろう絶景。

城跡に鎮座する金崎宮。

日本の表玄関だった敦賀

金ケ崎《かねがさき》城の近くには、敦賀《つるが》赤レンガ倉庫がある。アメリカの石油会社によって明治三十八年（一九〇五）に建てられた石油貯蔵庫で、モダンでスマートな外観が小樽《おたる》や函館のように港町らしい雰囲気をかもし出している。内部は広大な空間を確保するために、柱が一本もない小屋組構造になっていて、二棟のうちの一棟は地場食材を使ったイタリアンレストランになっている。

我々も昼食にパスタをいただいたが、おしゃれでシンプルで味わい深い逸品だった。これでビールを飲めたらどれほど幸せだろうと思ったが、午後の取材に備えて自重せざるを得なかった。

感激したのは隣のジオラマ館である。明治後期から昭和初期の頃の敦賀の町並みが精巧に再現され、線路には汽車も走っている。

ちょうど赤レンガ倉庫が作られた頃で、山を越えるためのループ式線路もあった。大陸方面から輸入した物質を全国に運ぶために、最新の技術が導入されたのである。

次に市立博物館を訪ねた。

町の中心部に位置する大理石造りの三階建ての洋館は、どこか日本銀行本館を思わせる。元は昭和二年に建てられた大和田銀行本店だというので、意図的に似せた造りにしたのかもしれない。

北陸で初めてエレベーターを設置し、レストランや集会場など、市民に開かれた公共的施設も備えていた。

二階には総理官邸のような立派な貴賓室があるが、ここで外国船でやって来た取り引き相手や船長などをもてなしたのだろう。

敦賀は古くから日本海に開けた京都（畿内）の外港としての役割をはたしてきたが、明治維新以後はユーラシア大陸と日本を結ぶ要港として、ひときわ重要な地位を占めてきた。

博物館の一角には、杉原千畝《すぎはらちうね》の事蹟《じせき》についても紹介されていた。

リトアニアの日本領事館にいた杉原は、ドイツの迫害から逃れてきたユダヤ人たちに「命のビザ」を発給し、数千人の人々を救った。

脱出したユダヤ人たちはシベリア鉄道に乗り、ウラジオストクから船に乗って敦賀に上陸した。

展示室の壁に張られた移動の経路を示す地図を見れば、当時の敦賀が日本の表玄関だったことが瞭然《りょうぜん》とする。裏日本などという呼び方は、早急に改められるべきなのである。

浄土経典を忠実に再現した伽藍

敦賀から琵琶湖《びわこ》まではわずか三十キロ、ならばこの間を水路で結べば、物流も人の往来も飛躍的に便利になるではないか。古くから多くの人々がそう考えてきた。

その夢の一部が実現したのが、江戸時代後期の文化《ぶんか》十二年（一八一五）である。敦賀港から山中《やまなか》峠の近くの疋田《ひきた》まで、川幅九尺（約二・七メートル）、総延長六・五キロの疋田舟川《ふなかわ》が開通した。

現地の展示室に掲示《けいじ》された年表によれば、最初にこの計画を実行しようとしたのは平清盛《たいらのきよもり》だったという。

大輪田《おおわだ》の泊《とまり》（兵庫港）などの建設で知られる清盛は、息子の重盛《しげもり》に命じて着工させたが、岩盤にはばまれて中断したという。西暦一一六六年頃のことである。

戦国時代になると、敦賀の領主となった蜂屋頼隆《はちやよりたか》と大谷吉継《おおたによしつぐ》が計画したがこれも実現せず、元禄《げんろく》九年（一六九六）には田中屋四郎左衛門ら六人が幕府に水路の開削を願い出て許可されたが、周辺住人の反対で頓挫《とんざ》した。

そして文化十二年になって幕府と小浜《おばま》藩が着工し、疋田までの舟川が開通したが、琵琶湖にとどくことはついになかった。

峠を越えて水路を引くのは当時の技術では難しかったし、明治維新以後は水路より鉄道が重視されるようになったからである。

舟川は護岸の老朽化が進んでいたが、県の環境整備事業によってよみがえり、農業用水や洗い場などの生活用水として利用されている。美しく整備された水路を、水が真っ直《す》ぐに流れていくのを見ると、敦賀と琵琶湖を結ぶ流通路が当時どれほど重要だったかがよく分かる。

水路の底には胴木が敷かれているが、これは川舟で積荷を運ぶ時に舟底の滑りを良くするためで、整備する際に再現したという。

畿内を守る三大関《せき》といえば、美濃《みの》の不破《ふわ》の関、伊勢の鈴鹿《すずか》の関、越前《えちぜん》の愛発《あらち》の関だが、このうち愛発の関だけが場所が定まっていない。

近年では北陸道を扼《やく》する疋田こそ、愛発の関にふさわしいという見方が有力になり、調査研究にも熱が入っているらしい。

疋田から敦賀市を横切り、西のはずれにある西福寺《さいふくじ》に行った。田んぼの中の細い道の先に参道があり、小さな総門が立っていた。

あたりは閑散《かんさん》としているが、三門《さんもん》をくぐり正面にそびえる御影堂《みえいどう》を見て息を呑んだ。入母屋《いりもや》造り瓦葺《ぶ》きの大屋根におおわれた建物は、京都の大寺にも劣らない規模である。老朽化が進んで修復工事が行なわれていたが、威厳に満ちた圧倒的な存在感を放っていた。

応安《おうあん》元年（一三六八）に後光厳《ごこうごん》天皇の勅願《ちょくがん》によって創建された浄土《じょうど》宗の寺である。

御影堂の前で西福寺文化財事業奉賛会の辻正則さんが出迎え、境内を案内して下さった。

「この寺が町はずれにあるのは、開山《かいさん》の良如上人《りょうにょしょうにん》が諸国行脚《あんぎゃ》をなされていた折、敦賀の西方の山中に光り輝く阿弥陀三尊《あみださんぞん》のお姿を感見なされたからです。上人は仏法有縁《うえん》の地であると確信され、三代将軍足利義満《あしかがよしみつ》公の助力を得て堂塔を築かれました」

義満は明《みん》の皇帝から日本国王の称号を得て、日明の勘合《かんごう》貿易を活発に行なった。貿易船は敦賀にも入港していたはずで、来港した使節の接待や貿易品の管理をする施設が必要だった。それが大寺建設のきっかけになったものと思われる。

現在の御影堂は文化五年（一八〇八）、阿弥陀堂は文禄《ぶんろく》二年（一五九三）、書院と庫裏《くり》は天和《てんな》三年（一六八三）に建立されたものだ。これらはいずれも国指定の重要文化財だという。

辻さんに先導されて御影堂から四修廊下《ししゅうろうか》を渡って阿弥陀堂へ行った。廊下が四曲に折れているのは、「三心四修《さんじんししゅ》」の浄土宗の教えに従ったもので、念仏行者が極楽浄土に往生する道程を表現している。

浄土に見立てた美しい庭園を望みながら廊下を歩き、阿弥陀さまのみもとに向かうということだろう。

「浄土経典を忠実に再現した構造は、日本中でここだけしかありません。それほど珍しい伽藍《がらん》配置なのです」

庭園は千四百坪もの広さがあり、自然の山を背景とし、樹木や泉水《せんすい》、石灯籠《いしどうろう》などを巧みに配した見事なものだ。中でも書院の前から御影堂や四修廊下を望む景色の優雅さと美しさは、救いに満ちた理想の世界を描いた浄土経典の世界そのままである。

西福寺は勝運の寺とも呼ばれている。南北朝末期、後小松《ごこまつ》天皇は動乱の終わりと平和の到来を祈願するよう、良如上人に勅命《ちょくめい》を下された。

命を受けた上人が日々一心に祈願すると、二年後には南北朝の統一が実現し、後小松天皇が統一天皇となられた。勝運とはそのことにちなんだものだ。

金ヶ崎城の南朝哀史から南北朝統一の勝運の寺まで、敦賀には時代の様相を伝える史跡がふんだんに残されている。

次に向かったのは敦賀半島の中ほどにある常宮《じょうぐう》湾に面した常宮神社。神功皇后《じんぐうこうごう》と仲哀《ちゅうあい》天皇を祀《まつ》る宮で、常宮の名は「つねに宮居《みやい》し波風静かなる哉楽《かな》しや」という神功皇后の神託に由来するという。

神社は敦賀湾を望む位置にあり、海岸端に拝殿《はいでん》がもうけられている。昔は陸路が整備されていなかったので、参拝する者はほとんど船で渡ってきた。船を岸につけ、この拝殿から本殿を拝したのである。

敦賀運河疋田舟川。平清盛以来の悲願が19世紀になって実現した。

新緑や紅葉の名所でもある西福寺書院庭園。庭園からは御影堂、四修廊下を望む。

西福寺阿弥陀堂。越前一乗谷からの移築と伝えられている。

常宮神社蔵　国宝朝鮮鐘。文禄の役の際に日本に持ち込まれたと伝わる朝鮮鐘。総高112cm。大谷吉継が奉納したといわれる。

境内には国宝の朝鮮鐘《ちょうせんがね》が保管されている。朝鮮半島から渡来した鐘の中では最古のもので、銘文によって唐の太和《だいわ》七年（八三三）に新羅《しらぎ》の国で造られたことが分かる。

鐘楼《しょうろう》堂棟札《むなふだ》によれば、朝鮮出兵の時に持ち帰った鐘を、豊臣秀吉が大谷吉継に命じて慶長《けいちょう》二年（一五九七）に常宮神社に寄進させたものだという。

吉継は文禄二年（一五九三）六月に晋州《しんしゅう》城（韓国慶尚南道《けいしょうなんどう》）攻撃に参加し、十月に肥前《ひぜん》の名護屋《なごや》城にもどっている。その時にこの鐘を戦利品として持ち帰ったかどうか定かではないが、秀吉が慶長二年に寄進させた理由は容易に想像がつく。

朝鮮出兵の失敗で窮地に追い込まれた秀吉は、三韓《さんかん》征伐で名を馳《は》せた神功皇后の神威《しんい》にすがり、何とか局面を打開しようとしたのである。

死活的に重要だった朝鮮半島との交易

その夜は常宮《じょうぐう》神社に近い「海辺の宿　長兵衛《ちょうべえ》」に泊まった。

目の前には豊饒《ほうじょう》の海である敦賀湾が広がっている。金ケ崎城跡や敦賀市内も遠望できる。

そうした景色を眺めながら、毎年七月二十二日に行なわれる総参祭《そうのまいりのまつり》の光景に思いを馳せた。氣比《けひ》神宮の祭神である仲哀天皇が、妻の神功皇后に会うために敦賀湾を渡って常宮神社に出向くのである。

船神輿《ふなみこし》を乗せた御座船《ござふね》が、大漁旗をかかげた船団に守られながら海を渡る姿は、さぞ勇壮で雅《みやび》やかなものだろう。

神功皇后はこの地で応神《おうじん》天皇を生んだと伝えられることから、常宮神社は安産の守り神としても信仰を集めている。

翌朝、海沿いの道を下り、気比《けひ》の松原の中を通って向出山《むかいでやま》古墳に行った。敦賀市の南東に位置し、港を見下ろすことが出来る場所に、向出山一号墳があった。

直径六十メートル、高さ九メートルの大型円墳《えんぷん》で、夏草におおわれて緑の築山《つきやま》のように見えた。草を踏み分けて頂《いただき》に登ると、敦賀市内と海が一望に見渡せた。

「これは五世紀末に造られたものです。竪穴式石室《たてあなしきせきしつ》があり、数多くの副葬品が出土しています」

学芸員の奥村香子さんが説明して下さった。

「この近くの明神山《みょうじんやま》にも、四世紀に造られた古墳群があります。一号墳は前方後方墳《ぜんぽうこうほうふん》、三号墳は前方後円墳《ぜんぽうこうえんふん》で、どちらも五十メートル近い大きさです」

向出山も明神山も敦賀湾に入る船から見える場所で、大陸との交流を意識した立地だという。

当時は国王同士の朝貢《ちょうこう》貿易を行なっていたので、貿易船には王の使者が乗っていたはずである。それゆえ立派な古墳を見せつけることで、この地の王権にゆるぎがないことを示したのである。

興味深いのは三種類の古墳が四、五世紀に共存していることだ。前方後円墳は大和朝廷《やまと》と友好関係を持っていた証だと言われているが、同じ時期に前方後方墳があり、少し時代が下がって円墳になるのはどうした訳だろう。

大和朝廷と親密な王と独立を志向する王が交互に現れ、ついには独立派が主流となって円墳を築くようになったのか。それとも大和朝廷派と独立派が共存していたのか。

この問題は都怒我阿羅斯等《つぬがあらしと》を祀っていた人々が、大宝二年（七〇二）に氣比神宮の神々を受け容《い》れたことや、越前国を治めていた継体《けいたい》天皇が六世紀の初めに即位したことにも密接に関わっているはずである。

継体天皇は神功皇后の子である応神天皇の五世孫だというので、敦賀とは関係が深かっただろう。

あるいは神功皇后は都怒我阿羅斯等の血を引いていて、加羅《から》から渡来してきた人々に支持されていたのではないか。

そして六世紀になって大和朝廷が乱れた時、外海との交易で実力をたくわえていた渡来系の人々が、継体天皇を押し立てて朝廷の主導権を握ったのかもしれない。

継体即位と密接な関係があるのが、私の故郷福岡で起こった磐井《いわい》の乱である。継体天皇二十一年（五二七）に反乱を起こした筑紫君《つくしのきみ》磐井は、任那《みまな》回復のために出陣しようとする大和朝廷軍の進軍を阻止しようとした。

これは新羅と好《よしみ》を通じていたためだというが、磐井は北部九州を征圧すると同時に朝鮮半島への海路を封鎖して朝貢船を自領に誘い込んでいる。このことは朝鮮半島との交易が、継体天皇と磐井の双方にとって死活的に重要だったことを示している。

つまり貿易をめぐる敦賀と那の津《なのつ》（博多）の争いが、乱の背景にあったということだ。

朝権を掌握した継体天皇が、近江毛野《おうみのけの》を大将とする六万の軍勢を送って、新羅に奪われた任那を回復しようとしたのも、それが都怒我阿羅斯等の故郷であり、継体を支援した渡来系の人々の悲願だったからではないだろうか。

三成の佐和山城と吉継の敦賀城

次に敦賀市内の八幡《はちまん》神社に向かった。

境内は広々として松の木立ちにおおわれているが、社殿も鳥居も小ぶりで閑散《かんさん》とした感じは否めない。

神社の方に案内していただくことになっていたが、どうした訳か社務所の呼び鈴を押しても応答がなかった。

「社伝によると、応神《おうじん》天皇が皇太子の時、武内宿禰《たけのうちのすくね》を従えて氣比神宮に参拝されました。その折に浦人がこの地に砂を盛り、地を清めて行宮《あんぐう》を建立したのが始まりと伝えられています」

敦賀市教育委員会の奥村香子学芸員が、急場をしのぐために説明して下さった。

「戦国時代の弘治《こうじ》二年（一五五六）に朝倉義景《あさくらよしかげ》が本殿を造営し、疋田《ひきた》城主だった疋田景継《かげつぐ》が翌年に阿弥陀仏《あみだぶつ》像を奉納し、年々御供米《ごくまい》五十石を寄進するようになりました。ところが元亀《げんき》元年（一五七〇）に織田信長が敦賀に侵攻し、朝倉勢と激戦を行なった時に焼き払われてしまったのです」

彼女の勉強ぶりと郷土の歴史に向き合う誠実な姿勢は見事で、市内の史跡のほとんどが頭に入っているようである。

「やがて豊臣秀吉が天下人になると、この地には大谷吉継《おおたによしつぐ》が配され、敦賀城を築きました。その城地がこのあたりで、神社の石の鳥居や石灯籠《いしどうろう》、本殿の龍の木彫などは吉継が寄進したものだと伝えられています」

天下に名高い大谷吉継の史跡としては寂しい限りだが、城は笙《しょう》の川《がわ》の東に位置する広大なものだった。その規模は東西三百メートル、南北五百メートルと推定されている。

現在の京都御所が東西約二百五十メートル、南北約四百五十メートルだから、それよりひと回り大きかったことになる。

おそらく城は海に面していて、城内に荷舟を入れる船入りをもうけていたはずである。これほど広大な敷地を必要としたのは、交易品を保管するための蔵を建てる必要があったからだろう。

最初に敦賀城を建てたのは、天正《てんしょう》十一年（一五八三）に秀吉から敦賀五万石を与えられた蜂屋頼隆《はちやよりたか》だった。泉州《せんしゅう》岸和田十四万石からの転封《てんぽう》だが、敦賀は五万石という石高《こくだか》で計れる土地ではない。日本海海運の要地で、琵琶湖水運とも密接につながった京都の外港である。港に入る船から徴収する津料《つりょう》（港湾利用税）や関銭《せきせん》（関税）は莫大で、二、三十万石の所領から上がるのと同等の収入があったと思われる。

だから蜂屋は京都御所を上回るほどの敷地と三層の天守閣を持つ城を築いたのだが、天正十七年（一五八九）九月に死去し、後継ぎがなかったために家は断絶となった。

その後大谷吉継が敦賀に入封《にゅうほう》し、敦賀城を完成させた。吉継は永禄《えいろく》八年（一五六五）生まれという説が近年では有力なので、二十五歳という若さで敦賀の要地を任されたことになる。

その三年後に始まった文禄《ぶんろく》の役《えき》では、船奉行《ふなぶぎょう》・軍監として船舶の調達や物資輸送の指揮をとり、大きな手柄を立てている。これも敦賀の港を押さえ、多くの廻船《かいせん》業者たちを支配下に組み込んでいたから出来たことだ。

敦賀の吉継と、佐和山《さわやま》城にあって琵琶湖水運を押さえていた石田三成《いしだみつなり》が、日本海と畿内を結ぶ流通を押さえ、秀吉政権の経済力の一翼を担っていた。

両者は脣歯輔車《しんしほしゃ》の関係で、互いの存在なくしては成り立たない。

関ヶ原の合戦の時に吉継が三成の身方《みかた》をする決断をしたのは、こうしたつながりがあったためと思われる。

関ヶ原の合戦に西軍が敗れると、敦賀城は越前《えちぜん》一国を与えられた結城秀康《ゆうきひでやす》に引き渡された。そして元和《げんな》元年（一六一五）に出された一国一城令によって破却されたのである。

歴史から忽然《こつぜん》と消え去った敦賀城。その遺構が笙の川の西岸にある時宗来迎寺《じしゅうらいごうじ》に残されている。切妻《きりづま》造りの優美《ゆうび》な山門は、敦賀城の中門を移築したものだと伝えられているのである。

小浜に伝えられた太閤秀吉の書状

昼食後、小浜《おばま》に向かった。

小浜は敦賀と並ぶ京都の外港で、古くから問屋《といや》と呼ばれる廻船業者たちが活躍した。日本海交易によって小浜に荷揚げされた品々は、九里半《くりはん》街道を通って琵琶湖に運ばれ、大津《おおつ》、山科《やましな》を経て京都に入った。

また小浜と京都を結ぶ鯖街道《さばかいどう》は、小浜でとれた新鮮な鯖を山越えの道で京都まで運んだことで知られている。

私は以前から小浜のこうした特性に注目していた。中でも室町時代の応永《おうえい》十五年（一四〇八）

六月に、南蛮から贈られた象が小浜に上陸したという史実に興味を引かれ、「アーリアが来た」(『バサラ将軍』文春文庫所収)という短編を書いた。

インドネシアのパレンバンの大守《たいしゅ》が将軍義持《よしもち》に贈った黒象は、孔雀《くじゃく》二対、オウム二対、その他の献上品とともに京都に送られ、都人の目を驚かしたと記録にある。

ところがどのルートを通り、どんな問題に直面しながら象を運んだかについては記されていないので、想像によっていささか童話風に書いたものだ。

発表したのはもう二十五年前、その頃から親交のある小浜のMさんは、今では立派な画家になっておられる。久々に会えないものかとメールしたが、出張中とのことだった。

小浜に着いて真っ先に訪ねたのは市立図書館だった。

裏口から入り四階の会議室に上がると、小浜市教育委員会の川股寛享さんと西島伸彦さんが待っていてくれた。

「これが組屋家《くみやけ》文書に伝来されていた『山中橘内書状《やまなかきつないしょじょう》』です」

川股さんが細長いテーブルの上に巻物にした文書を広げてくれた。

山中橘内(長俊《ながとし》)は秀吉の右筆《ゆうひつ》をつとめていた。書状は天正二十年(一五九二)五月十八日に、橘内が秀吉に命じられて北政所《きたのまんどころ》の侍女に送ったもので、秀吉の「唐入《からい》り」(朝鮮出兵)の構想が生々しくつづられている。

その内容は同日付けの豊臣秀次《ひでつぐ》あて秀吉書状（尊経閣文庫所蔵）とほぼ同じなので、同じ日に秀吉は秀次と北政所に近況を知らせる書状を送らせたのである。

十八条からなる書状の第一条には、五月二日に漢城《かんじょう》（ソウル）を陥落《かんらく》させたことを伝え、秀吉自身が渡海する予定だと記している。

その後は占領地の支配についての指示を書き連ね、第七条には大唐に攻め入り、今年中に秀吉が北京に動座する予定だと伝えている。

そして第十一条には、天皇を北京に移す計画が記されている。その衝撃的な構想の大略は以下の通りである。

「日本の帝王さまを唐の都に据えようとしておられるので、用意をするように命じられた。その内容は内裏《だいり》御料所として都のまわりの十ヶ国を進上し、御料所の内で諸公家《くげ》衆も支配なされるようにとのことである」

また第十三条には、秀吉は北京の差配を誰かに任せた後、日本の船着き場である寧波《ニンポー》府を居所にするつもりだと記してある。

大唐を支配した後には、寧波を中心として日本と唐との交易を行なうつもりだったのである。

興味深いのは、書状の宛先に「御ひかしさま」と書いてあることだ。北政所の侍女の東殿は大谷吉継の母なので、この書状も吉継の母にあてたものと思われる。

だとすれば、吉継が異例の出世をとげた背景には、豊臣家の大奥で隠然《いんぜん》たる力を持っていた母親の影響があったということである。

「この書状を初めて世に紹介したのは、小浜藩ゆかりの国学者伴信友《ばんのぶとも》です。信友は本書状を紹介した著書の中で、この書状は組屋家の当主の組屋六郎左衛門が古い屏風《びょうぶ》の下張りの中から発見したと記しています」

発見されたのは、寛政期《かんせいき》(一七八九〜一八〇一)の頃だという。橘内が大坂城に送った書状がどうして城外に持ち出されて組屋の手に渡り、下張りにされたのか。その詳細は分かっていない。

豊臣政権の機密文書

前稿で紹介した組屋家《くみやけ》文書についてもう少しこだわってみたい。

豊臣秀吉の右筆《ゆうひつ》だった山中橘内《やまなかきつない》(長俊《ながとし》)が、天正《てんしょう》二十年(一五九二)五月十八日に肥前名護屋城《ひぜんなごやじょう》から北政所《きたのまんどころ》の侍女《じじょ》に送った書状には、秀吉の「唐入《からい》り」(朝鮮出兵)の構想が生々しくつづられていた。

明国《みんこく》を征服した後には天皇を北京に移すとか、秀吉も北京での差配を終えた後に寧波《ニンポー》を居所にするとか、豊臣政権の戦争方針を記した機密文書である。

その内容の重大さもさることながら、気になるのは、どうしてこの文書が小浜《おばま》の廻船《かいせん》問屋である組屋家の屏風《びようぶ》の下張りの中から発見されたかということだ。

普通、屏風やふすまの下張りには、不要となった帳簿や、手習いで使った反古《ほご》紙などが使われる。

しかし、この文書はそうした紙と同等に考えることはできないほど重要だし、反古とした形《けい》跡《せき》のない完璧《かんぺき》な状態で保存してある。

だとすれば何者かがこの文書を屏風の下に隠し、機密情報を伝えようとしたと考えるべきだろう。それを受け取った者は、文書の内容を確認した後にそのまま屏風の下張りとして封じ込めていた。

ところが豊臣家が滅亡したために屏風の持ち主も没落し、屏風はやがて古美術商の手を経て組屋家に買い取られた。そして二百年ほど後の寛政《かんせい》期（一七八九〜一八〇一）になって、修理をしようとした時に文書が発見されたのではないか。

そんな想像をめぐらすのは、ポルトガルのエヴォラ市の図書館に保存されているエヴォラ屏風の下張文書を見たことがあるからだ。これはイエズス会のアレッサンドロ・ヴァリニャーノが、天正少年使節を連れて来た時にもたらしたものだという。

すでに屏風に何が描かれていたかも分からないほど劣化していたが、下張りに数多くの文書が使われていた。その中にはヴァリニャーノが書いた東アジアの巡察記録も含まれていたのである。

それを複製したものを見て、これは屛風に隠した機密文書ではないかと感じた。もしイエズス会がこうした方法で内密に連絡を取り合っていたとすれば、組屋家文書もその一例に属するのではないか。

そう思ったのは、小浜とイエズス会やキリシタンとの関係が案外深いからである。

気温三十六度の炎天下に山城を登る

文禄《ぶんろく》の役《えき》が始まった翌年には、北政所の甥《おい》の子である木下勝俊《きのしたかつとし》（後の木下長嘯子《ちょうしょうし》）が小浜の領主となるが、彼はペトロという洗礼名を持つキリシタンだった。

勝俊が改易《かいえき》された後、慶長《けいちょう》五年（一六〇〇）に京極高次《きょうごくたかつぐ》が入封《にゅうほう》するが、彼の母はマリアという洗礼名を持っている。しかも高次の妻は淀殿《よどどの》の妹お初《はつ》で、豊臣家との縁も深かった。

そうしたつながりを背景として、北政所の侍女に送られた機密文書を隠した屛風が、小浜まで運ばれたのではないか。私は『山中橘内書状』を見ながら、そんなドラマを思い描いていた。

「こちらが宝永《ほうえい》年間（一七〇四～一七一一）の小浜の様子を描いたものです」

小浜市教育委員会の川股寛享さんと西島伸彦さんが、大きな絵図をテーブル一杯に広げて下さった。

酒井家文庫に所蔵されているもので、小浜の町割りが俯瞰図《ふかんず》のように描かれている。海に面した狭い土地に縦横に通路をめぐらし、目一杯効率良く使っていた様子がうかがえる。

「江戸時代まで小浜は京都の外港としての役割をはたし、北前船《きたまえぶね》の寄港地としてにぎわっていました。小浜で水揚げした鯖《さば》を京都まで運んだ鯖街道が、小浜と京都の関係の近さを象徴的に示しています」

それればかりでなく、小浜は九里半《くりはん》街道によって琵琶湖とつながり、京都や大坂との流通の拠点となっていた。今も当時の町並みをとどめる熊川宿《くまがわじゅく》は、九里半街道の関所としての役割をはたしていたのである。

「江戸期には市街地だけで一万人が住んでいました。ところが今や半分もいないほどですからね」

川股さんの嘆きを聞いて、北海道江差《えさし》町で「江戸時代は三万人、今や八千人ですから」という話を聞いたことを思い出した。

奇《く》しくも江差と小浜は北前船の主要な港だった。流通の主力が海運から陸運に変わったことが、二つの町の衰退《すいたい》を招いたのである。

「ここが後瀬山《のちせやま》城ですか。さすがにあたりを押さえる要《かなめ》の位置にありますね」

藤田達生教授が興味深げに地図に見入り、登ってみたいものだとつぶやかれた。

後瀬山城は若狭守護《わかさしゅご》武田元光《もとみつ》が大永《だいえい》二年（一五二二）に築き、その後丹羽長秀《にわながひで》、浅野長政《あさのながまさ》、木下勝俊、京極高次へと引き継がれた。

しかも万葉集に詠まれた恋の歌の舞台となったことでも知られている。

かにかくに人は言ふとも若狭道《わかさぢ》の
後瀬《のちせ》の山の後も逢《あ》はむ君

大伴坂上大嬢《おおとものさかのうえのおほをとめ》が従兄《いとこ》の大伴家持《やかもち》に贈った歌で、世間の人が何と言おうとまた逢いましょうねと求めたものだ。当時の逢うは一夜の情を交わしたという意味だから、大嬢の気持ちは切実である。

これに対して家持は、次のような歌を返している。

後瀬山後も逢はむと思へこそ
死ぬべきものを今日《けふ》までも生《い》けれ

あなたともう一度逢いたいから、死ぬほどの恋の苦しみに耐えて生きているのですよ。

この後二人はどうなったのだろうと心配になるような激しい歌のやり取りで、後瀬山の名を不朽のものにした。

私も登ってみたいとは思うものの、外は気温三十六度の炎天下。標高一六八メートルの山に登るには、往復二時間はかかりそうなので二の足を踏んだ。登山は予定になく、他の見学ができなくなる不都合もあった。

川股さんと西島さんも、無理なんじゃないかという顔をしておられたが、我々は鳩首《きゅうしゅ》協議した末に登ることにした。

城跡を見たいという思いもあったが、市立図書館の窓から見える後瀬山が優しさと威厳に満ちていて、大嬢や家持が手招きしている気がしたのである。

ところが山も森も恋の道も、踏み入ってみれば遠くで見るほどロマンチックではない。山の北側の登山口から山頂の本丸まで、距離にすれば一キロもないだろうが、その間に標高差約百五十メートルを上がる。

うだるような暑さの中、長い坂道を延々と登り続けていると、十分もしないうちに足腰に黄色信号がともり始め、二十分を過ぎた頃には筋肉が悲鳴を上げ始めた。

もうこれ以上は歩けないと思い始めたちょうどその頃、階段状に曲輪《くるわ》を配した城の連郭《れんかく》群が姿を現した。急勾配の狭い尾根を巧みに利用した造りで、築城技術の高さと臨戦態勢をとっていた当時の緊張ぶりがうかがえる。

連郭式の山城としては浅井家の小谷城《おだに》が有名だが、それに勝るとも劣らぬ見事さで、

「凄《すご》いな。これぞまさしく戦う城ですね」

感嘆しながら曲輪を一段、また一段と上がるうちに、いつの間にか本丸に着いていた。

南北四十メートル、東西二十メートルほどの規模だが、本丸から西をのぞめば小浜の城下と若狭《わかさ》湾が眼下に広がっている。

しかもさっき登ってきた連郭式の曲輪から連絡用の通路（犬走り。後瀬山城では谷の横道と呼ぶ）が伸びて、階段状になっていた。

「武田元光が築城した頃には丹後《たんご》守護の一色《いっしき》氏と激しい対立を続けており、海から攻められることを想定して、西側の守りを厳重にしたと考えられています」

西島さんが説明して下さった。

本丸の隅には愛宕《あたご》神社があるが、これは大坂夏の陣で豊臣家が亡《ほろ》びた後に、京極高次の妻だったお初（常高院《じょうこういん》）が勧請《かんじょう》したもので、今も厚い信仰を受けているという。

本丸南西側に二の丸があり、御殿があったことから山上御殿と呼ばれている。築山《つきやま》の跡があるのは枯山水《かれさんすい》の庭があったからである。

多くの陶磁器の破片《はへん》や美濃焼《みのやき》の茶入れなどが出土しているので、二の丸の一角に茶室があり茶会が行なわれていたと考えられている。

後瀬山の西のふもとを通る丹後街道ぞいに八幡《はちまん》神社や守護居館《きょかん》跡がある。山城は非常の際の詰め城で、戦がない時には城主たちはふもとの館《やかた》で過ごしたのである。

苔むす岩と八百比丘尼《はっぴゃくびくに》伝説

やがて京極高次が南川《みなみがわ》の河口に小浜城の築城を始めたが、寛永《かんえい》十一年（一六三四）に京極家は出雲《いずも》松江に転封《てんぽう》を命じられた。

その後任として徳川家光《いえみつ》の側近だった酒井忠勝《さかいただかつ》が入封し、七年後に小浜城を完成させて居城としたが、守護居館跡や山城は万一の際の防御施設として残したという。

今もその頃の面影をとどめるように、居館跡の大半は更地のまま残され、まわりには堀が巡らされていた跡がある。奥まった一角には、酒井家の菩提寺《ぼだいじ》である空印寺《くういんじ》が建っていた。

「菩提寺をここに置いたのも、万一の場合に備えてのことでしょう」

藤田教授があたりを一望し、一町（約一〇九メートル）四方だった室町時代の守護館の規模に添っていると判じられた。

「一国一城令が出されて名目上は廃城となった所も、こんな風に使われた例は結構多いのです」

なるほど。そう考えれば山のふもとに妙興寺《みょうこうじ》や本行寺《ほんぎょうじ》、東光寺《とうこうじ》などの寺をずらりと配している理由もよく分かる。

普通寺町《てらまち》は城下のはずれに配し、敵が攻めて来た場合に砦《とりで》の役割をはたすようにしているが、小浜では町の一番奥に寺がずらりと並んでいる。

これでは城下の防衛には何の役にもたたないように見えるが、山城に立てこもって戦うことを想定していたとすれば、この配置も納得できるのである。

空印寺と八幡神社の間には、海水の浸食《しんしょく》によって出来た洞穴がある。苔《こけ》むした岩壁にうがたれた深い穴は、八百比丘尼《はっぴゃくびくに》の入定《にゅうじょう》洞だと伝えられている。

人魚の肉を食べたために不老不死となった娘は、尼となって諸国をめぐりながら仏の教えを説いた。

彼女は八百年間も生き続けるが、やがて自分一人が生き続ける苦しみに耐えかね、故郷の若狭に帰って洞穴に入って入定した。

これが八百比丘尼の伝説で、入定したのがこの洞穴だと伝えられている。この比丘尼が訪ねて来たという伝説は、全国各地に残されているが、中原康富《やすとみ》という公家《くげ》が残した『康富記』には、宝徳《ほうとく》元年（一四四九）に八百比丘尼が若狭から京都にやってきたと記されている。

応仁《おうにん》の乱に突入する前夜の不穏《ふおん》な空気が、そうした怪異の噂を生んだのかもしれない。あるいは見せ物小屋などをやっている旅の一座が、若い娘を八百比丘尼に仕立ててひと儲《もう》けしていたのだろうか。

後瀬山城の石垣。築城した若狭守護武田元光は、甲斐武田氏と同族。元光の孫・義統の代に越前朝倉氏に守護の座を奪われる。本能寺の変の後は、明智光秀に味方して旧領回復を目指した。

後瀬山城の曲輪群。遺構は良好に残存。

後瀬山城から美しい若狭湾を望む。

守護所は現在更地のまま。その広さに往時の盛隆を偲ぶ。右の八百比丘尼伝説の洞穴も徒歩圏内にある。

入定とは一般的には高僧が死ぬことを言うが、真言《しんごん》密教においては修行僧が衆生《しゅじょう》救済を目的として永遠の瞑想《めいそう》に入ることを指している。

高野山では空海が今も即身仏《そくしんぶつ》となって瞑想を続けていると信じられているが、八百比丘尼もこの奥で生きていると信じられ、庶民の信仰を集めていたのである。

城下の南のはずれには、江戸情緒《じょうちょ》を今に伝える古い町並みが残されている。北前船で町がにぎわった頃に茶屋町として栄えた所で、連子格子《れんじごうし》の風情のある家が並んでいる。

その中でも格式が高いと言われたのが「蓬嶋楼《ほうとうろう》」で、今は資料館として公開されている。

雪国のせいか、人口が密集していて敷地が限られていたためか、屋根が低く間口も狭い小じんまりとした造りである。

だが中に入ると、建物にも庭にも贅《ぜい》を尽くした趣向がこらされ、小浜の迎賓館《げいひんかん》のような役割をはたしていたことがうかがえる。北前船で大儲けした船頭や商人たちは、ここに芸妓《げいこ》や舞妓《まいこ》を呼んで羽振り良く遊んでいた。

二階の座敷には当時の太鼓や三味線が置かれ、小浜ゆかりの画家や書家の作品が飾られている。ボランティアガイドの方が、そうした品々について解説して下さるので、往時の小浜がいかに繁栄していたのか、つぶさに体感することができたのだった。

最古の「鯖街道」を歩く

鯖街道《さばかいどう》は小浜《おばま》市と京都を結ぶ主要路である。京都から若狭《わかさ》に向かうので若狭街道とも呼ばれている。

鯖街道の名で親しまれるようになったのは、若狭湾でとれた鯖を塩漬けにし、一昼夜かけて京都に運んだからだ。

運ぶ間に塩がなれてちょうどいい味加減になったというが、運ばれたのは鯖だけではない。鯖は安価な魚なので背負子《しょいこ》の籠《かご》の下敷きにし、高級魚の甘鯛《あまだい》を上に乗せたという説が京都では根強い。

「そやけどな。甘鯛は身が弱いよって、運んでいる間にぐじぐじになるんや。そやさかい甘鯛のことをぐじと言うんやで」

そう教えてもらったものだ。

京都では祇園祭りの時に各家庭で鯖寿司《さばずし》を作る風習があるが、これも鯖街道と密接な関係がある。

険しい峠がある鯖街道を、冬場に越えるのは至難の業《わざ》である。しかし夏には比較的楽なので、多くの者が荷運びに従事する。すると鯖が大量に運び込まれて値が下がるので、庶民にも買うことができたのだろう。

内陸部の京都に入ってくる海の魚といえば、昔は若狭の鯖と淡路《あわじ》の鱧《はも》しかなかった。この両国が朝廷の御食国《みけつくに》に指定されていることからも重要性が分かるが、庶民もせめて祇園祭りの時くらいは海の魚を食べようと、鯖寿司を作ったのである。

鯖街道はひとつではなく、小浜と京都を結ぶいくつものルートがある。中でもよく知られているのが、小浜から熊川宿《くまがわじゆく》を抜けて近江今津《おうみいまづ》に向かい、途中で朽木谷《くつきだに》を通る国道三六七号線を通る道である。

もうひとつは小浜から遠敷川《おにゆうがわ》沿いをさかのぼり、根来坂《ねごりざか》を通って針畑《はりはた》峠を越える最短のルートで、針畑越えと呼ばれている。

日本海の海の幸を運ぶこの道は奈良時代から使われていて、明日香《あすか》村や平城宮跡《へいじようきゆうせき》から発掘された木簡《もつかん》にも、若狭から運んだ魚介類や塩のことが記録されている。

我々は今回針畑越えに挑むことにした。

残念ながら踏破することはできないが、最古の鯖街道と言われるこの道をたどり、奈良時代から伝わる歴史と文化に触れたいと考えたのだった。

午前九時にホテルを出発。まず鯖街道の起点であるいづみ町商店街に行った。

近くの港で水揚げされた魚はここの市場で売られ、背負子で背負って京都に運ばれた。

朝倉義景が再建した本堂

石畳の道には「さば街道起点」と刻まれた石プレートが埋め込まれ、「京は遠《とお》ても十八里」の文字も彫り込まれている。

私はそのフレーズに心惹《ひ》かれた。確かに前途は多難だが、たった十八里（七十二キロ）ではないか。

「そんなん大したことあるかい」

歩荷《ぼっか》たちのそんな心意気が伝わってくる。それくらい物ともしない体力と脚力を、当時の人々は持っていたのだろう。

それに「遠ても」という言葉には、もっと遠い場所との比較が含まれている。それは奥州や九州まで往来する北前船《きたまえぶね》のことではないだろうか。

「あの命がけの航海に比べたら、十八里なんて楽なもんやで」

北前船の栄光と悲劇を間近で見てきた小浜の人たちは、そう感じていたのだろう。

我々も最短、最古の道をたどることにしたが、その際に参考にさせていただいたのは、鯖街道歴史研究会が発行した『小浜から京へ　鯖街道　針畑越え〈根来坂〉ガイドマップ』である。

小浜山の会を中心とする地元の方々のご尽力の結晶と言うべき一冊で、街道を歩く人の利便性を考えて懇切丁寧《こんせつていねい》、至れり尽くせりの説明がしてある。

皆さんの郷土愛と使命感に敬意を表し、明記して感謝の意を表したい。

国道二七号線（丹後《たんご》街道）を車で走り、遠敷川の手前で南に折れて県道三五号線に入る。二七号線を直進すれば熊川宿を通り近江今津に至り、三五号線は針畑越えに続いている。

二つの道が出会う交通の要所に、かつて国府《こくふ》がおかれていた。遠敷川の東には若狭国分寺跡《こくぶんじあと》があり、国分《こくぶ》や東市場《といちば》という地名も残っている。三五号線に入ってすぐの所に、若狭国一宮《いちのみや》下社《しもしゃ》（若狭姫《わかさひめ》神社）がある。祭神は竜宮《りゅうぐう》伝説でおなじみの豊玉姫命《とよたまのひめのみこと》で、海上安全や豊漁の守り神である。

以前若狭の取材をしていた頃、「戦前までは、沖縄の糸満《いとまん》の漁師たちが夏場に漁に来ていた」という話を聞いたことがある。彼らは若狭姫神社に参拝していたというから、古くからの往来があり、竜宮（琉球《りゅうきゅう》）伝説を生んだのかもしれない。

姫神社から遠敷川沿いに一キロほどさかのぼると上社《かみしゃ》（若狭彦《わかさひこ》神社）がある。こちらの祭神は彦火火出見尊《ひこほほでみのみこと》（山幸彦）で、釣り針をなくした山幸彦が竜宮城で豊玉姫に出会った伝説を上社、下社で再現している。

伝説として語り継がれる歴史的事件が太古の昔にあり、主人公の二人が神として祀《まつ》られたのではないだろうか。

上社の創建は和銅《わどう》七年（七一四）だが、同じ年に建立されたのが上社の五百メートルほど南にある神宮寺《じんぐうじ》である。

当時は神仏習合《しんぶつしゆうごう》の時代であり、神宮寺と上社下社は一体として信仰されていた。下社から神宮寺までが御神域となり、海から京都や奈良に入ってくる魔を祓《はら》う役割をになっていたものと思われる。

ところが明治維新の神仏分離令によって、神宮寺は神社から切り離されて苦難の時代を迎えることになったのだった。

風格ある仁王門《におうもん》をくぐると、参道の両側には田んぼが広がっていた。これほど広い境内が、往時の神宮寺の勢力の大きさをうかがわせる。

本堂は天文《てんぶん》二十二年（一五五三）に越前の朝倉義景《あさくらよしかげ》によって再建されたもので、間口八間の堂々たる造りである。脇には茅葺《かやぶ》き屋根の風情ある茶室もあった。

ご住職の山河尊聖《やまかわそんじょう》さんが本堂で迎えて下さった。

七十歳ばかりの気骨ある方で、俗人の接近を許さぬ風貌《ふうぼう》をしておられるが、幸い私とご住職は茶道の同門だった。共に京都の林蕉庵《はやししょうあん》宗匠に教えを受けていたので、初対面とはいえ旧知のように話がはずんだ。

「境内の茶室に宗匠をお招きしたことがあります。私の点前《てまえ》を見て苦笑しておられました」

ご住職からその時の様子を聞き、今は亡き宗匠を偲《しの》んだものだ。

「この寺は神宮寺ですから、参拝する時に柏手《かしわで》を打ちます。汚《けが》れに染まることを避けるために葬礼もしません。もともと日本人は神仏を一体として信仰してきました。しかしそうした形を残しているのは、日本でこの寺だけなのです」

神仏習合の象徴と言うべきものが、寺の奥の宮に納められた木造の男神、女神の坐像である。室町時代初期の作で、男神は衣冠束帯《いかんそくたい》、女神は小袿《こうちき》をまとっている。

「小浜は北の奈良です。京都が都になるずっと前から、両者は密接な関係を持っていました」

それを現しているのが、神宮寺で毎年三月二日に行なわれる「お水送り」である。東大寺二月堂の「お水取り」に合わせて、遠敷川の鵜《う》の瀬《せ》から水を送る神事で、これには次のような史的背景がある。

聖武《しょうむ》天皇の天平勝宝《てんぴょうしょうほう》四年（七五二）、東大寺の大仏の開眼《かいげん》供養が行なわれたが、これには若狭ゆかりの二人の僧が深く関わっていた。一人は大仏開眼を主導した東大寺の初代別当良弁《べっとうろうべん》僧正で、彼はこの地で生まれたと伝えられている。

もう一人は大仏開眼に際して「祈りの行法」（修二会《しゅにえ》）を行なったインド僧実忠《じっちゅう》で、彼はインドから若狭に来て神宮寺に滞在していたという。

この時実忠は「神名帳《じんみょうちょう》」を読み上げ、日本国中の神々を招いて大仏開眼が成功するようにご加護を願った。招きに応じて宇佐《うさ》の八幡神《はちまんしん》もやってきて、仏教に帰依《きえ》して八幡大菩薩《だいぼさつ》になったほどだ（『日本はこうしてつくられた　大和を都に選んだ古代王権の謎』参照）。

ところが若狭の「遠敷明神《おにゅうみょうじん》」は漁に夢中になって遅れたので、おわびの証《しるし》に二月堂のご本尊に供える「閼伽水《あかみず》」（御香水《おこうずい》）を献じる約束をした。

家康も越えた針畑峠（鯖街道）を歩く

その約束を果たすための「お水送り」の神事が、今も毎年行なわれているのである。

徳川家康も通った「針畑越え」

我々は一・八キロの道をたどって鵜の瀬を訪ねた。川が大きく曲がって出来た瀬の側に石垣が築かれ、神事の舞台となっている。

この瀬と東大寺の「若狭井《わかさい》」は、地下の水路でつながっていると古くから信じられてきたのである。

近くには白石《しらいし》神社があり、良弁僧正誕生地の碑が立っている。若狭彦神社はここで創建されたというので、奈良や大和《やまと》朝廷とつながる何らかの由緒があるのだろう。

さらに奥に向かい、下根来《しもねごり》を経て上根来《かみねごり》に着いた。ここには明治時代に建てられた古民家を改装した「助太郎」という休み処がある。太い梁《はり》を使った豪奢《ごうしゃ》な造りで、往来が盛んだった頃の繁栄ぶりを今に伝えている。

そこからさらに進むと根来坂登山口がある。ここからが針畑越えの本番で、雑木林におおわれた急な斜面を曲がりくねった細い道が続いている。

十分ほど歩いただけで辛《つら》くなる坂道だが、昔の人たちは重き荷を背負い、「京は遠ても十八里」と言いながら歩き続けたのである。

徳川家康もこの道を通ったという説がある。敦賀《つるが》の金ヶ崎《かねがさき》城を攻めていた時、浅井長政《あざいながまさ》が離反したと聞き、急に京都まで退却することになった。

そこでこの道を通ったというのだが、信長は熊川宿から朽木谷を抜ける道をたどっているので、家康がなぜ針畑越えをしたのか謎である。あるいは配下の物見を出して様子を探らせたことが、家康が通ったと誇張されて伝わったのかもしれない。

「江戸の初期に小浜で人買い禁令が出されていた記録が、朽木家文書の中にあります」

険しい坂を登りながら、藤田達生教授が教えて下さった。

「大坂夏の陣の後に城から逃れた者を捕らえ、針畑越えで小浜まで運んで海外に売り飛ばしていたのです。幕府はそれを取り締まるために、関所の警戒《けいかい》を厳重にしていました」

その話を聞きながら、私はもうひとつの可能性を思い描いていた。

落城前の大坂城はキリシタンの砦《とりで》のようになっていた。そこから脱出した者たちは、信仰を守るために高山右近《たかやまうこん》がいるマニラに向かおうとした。

しかし幕府の監視《かんし》が厳しいので、人買いに売られていくように見せかけたのではないか。京極《きょうごく》家中のキリシタンたちが、船の手配をして彼らを助けたのではないだろうか。

針畑越えを少しばかり体験した後、我々は小浜市にとって返した。関東地方には台風十五号が接近中で、東海道新幹線の運行が危ぶまれていた。そのため少しでも早く取材を切り上げる必要に迫られていた。

最後の目的地は小浜市の北東、表鬼門に位置する本浄山羽賀寺《ほんじようさんはがじ》だった。霊亀《れいき》二年(七一六)に元正《げんしよう》天皇の勅願《ちよくがん》によって行基《ぎようき》が創建した古刹《こさつ》である。

その後何度かの災害にみまわれ、応永《おうえい》五年(一三九八)にも焼失したが、永享《えいきよう》八年(一四三六)に奥州安倍《あべ》氏の後裔《こうえい》と称する安倍(安藤《あんどう》)康季《やすすえ》が再興した。康季が拠点とする奥州十三《とさ》湊《みなと》と小浜が、活発な交易を行なっていた証である。

ご住職の玉川正隆さんは病を得て車椅子を使用しておられたが、我々を本堂に案内して寺の由来を語って下さった。アメリカのオバマ氏が大統領候補だった時、小浜市で「勝手に応援する会」を立ち上げるきっかけを作られた方である。

本堂には木造の十一面観音《かんのん》菩薩《ぼさつ》立像《りゅうぞう》、千手《せんじゅ》観音菩薩立像、毘沙門天《びしゃもんてん》立像が安置してある。

その精巧《せいこう》な造りと美しさは圧倒的だった。

「十一面観音菩薩は元正天皇の等身大のお姿を写したものだと考えられています。十世紀初期の作ですが、それまで伝えられていた像を正確に再現したのではないでしょうか」

本像には当初の色彩がよく残り、天平《てんぴょう》風の顔立ちも神々《こうごう》しい。北の奈良と言われる小浜の中でも、屈指の名品である。

羽賀寺十一面観音菩薩立像。像高146cm。平安時代初期の作といわれ、造立当時の色彩も残る。若狭に数多くある古仏の中でも傑作と称される。

家康コラム③　「金ヶ崎の戦い」。家康が秀吉の窮地を救ったという地元の伝承　編集部編

朝倉義景《あさくらよしかげ》を攻めるために、金ヶ崎《かねがさき》城に入城していた織田信長軍のもとに、信長義弟の浅井長政が裏切ったという一報が入ったという顚末は、信長、秀吉、家康や明智光秀を扱う歴史ドラマでは、おなじみの場面だ。

古典的な「金ヶ崎の退き口《のぐち》」は『太閤記』などの「秀吉成功譚《たん》」によって、織田軍の撤退戦の大将を秀吉が務めて成功したという展開が多かった。しかし、近年になって新たな説も提唱されるようになっている。例えば、二〇二〇年の大河ドラマ『麒麟《きりん》がくる』では、朝倉攻めに際して、織田信長が越前との国境に近い若狭の国吉城（福井県美浜町）に入城し、軍議を催した場面が描かれた。国吉城は金ヶ崎城のある敦賀《つるが》市から十数㎞。つまり、浅井長政の裏切りを知った織田信長らは、さしあたって、最前線である国吉城まで逃げればよかったのである。

このことを『サライ歴史班』に教授してくれたのは、「若狭国吉城歴史資料館」の大野康弘館長。国吉城は本丸から若狭湾が望める山城で、日本城郭研究会認定の「続日本100名城」に認定されている。資料館には、大野館長が自ら集めた全国各地の「御城印」も展示されるなど、小規模ながら温もりの感じられる施設になっている。

大野館長によれば、『国吉籠城記』などの史料には、家康が信長の進軍に同行し、現在の美

浜町内に陣を敷いたことが伝えられている。さらに地元の伝承では、国吉城内には、家康と秀吉が囲碁に興じたという大石があったとされ、平成二十五年からの発掘の際に出土した平らな大石が、「伝説の大石」ではないかと話題になった。

窮地の秀吉を家康が救ったという伝承

さらに美浜町内には、興味深いエピソードが伝承されている。大野館長が説明する。

「美浜町に合併する前に存在した旧山東《さんとう》村の伝承では、秀吉軍は、国吉城に近い黒浜で朝倉軍に追撃され、一時的に丹生村に逃げ込んだといわれています。そして再び丹後街道に戻ったのですが、朝倉軍に囲まれ、全滅寸前の窮地に陥った場面で家康軍が救援にやってきて救ったといいます。旧山東村では学校でこのことを教えていたそうです」

織田信長が本陣を敷いた国吉城は、朝倉氏が数年に渡って攻めても落城させることができなかった「難攻不落」の堅城。若狭との国境付近で秀吉軍を攻めた朝倉軍は、家康軍との戦いの後、深追いはせずに越前に戻っていったのだという。

『太閤記』などで喧伝された秀吉の成功物語とは違った伝承が残る国吉城の本丸跡からは、両軍が激突したであろう海岸線が一望できる。信長、秀吉、家康も見たであろう光景は、麓の資料館から三十分~四十分で到達できる。

「難攻不落」で知られる国吉城本丸から若狭湾を望む

国吉城堀切

第四章●キリシタン大名誕生と植民地化の危機編（西彼杵半島）

仏教施設は、軒並み破壊されて……。大村純忠はイエズス会に土地と統治権を寄進した

イエズス会宣教師が壮麗さを讃えたという日野江城跡。

キリスト教布教と十字架の立つ島
日本最初のキリシタン大名大村純忠
長崎はイエズス会領になった
豊臣秀吉を激怒させた「スペインの脅し」

慶長15年（1610）銘のキリシタン墓碑（西有家町）被葬者の「ヒリ作右衛門ディオゴ」はどのような人物だったのか？

侵略戦争の尖兵としての宣教師

戦国時代は世界の大航海時代であった。

バスコ・ダ・ガマのインド航路の発見を契機として東への航路をたどったポルトガルは、一五一一年にマラッカを征服、その二年後にはマカオにまで進出した。

それから三十年後、三人のポルトガル人が種子島《たねがしま》にやって来て鉄砲を伝えた。これは漂着したと語られることが多く、嵐にあって遭難した末に偶然たどりついたように受け取られている。

しかし実際には、三人のポルトガル人は明国人《みんこくじん》の海商である王直《おうちょく》の船に乗ってやって来ているので、明確な目的を持って日本に来たものと思われる。

その目的とはポルトガルの日本進出の魁《さきがけ》となることであり、そのための手段として鉄砲を売り込むことだ。

日本で鉄砲が使われるようになれば、火薬の原料である硝石《しょうせき》と弾《たま》の原料である鉛《なまり》を売り込むことができる。そうして得た金で石見銀山《いわみぎんざん》の銀や良質の硫黄《いおう》を買いつけてマカオに持ち帰れば、莫大な利益を上げられる。

鉄砲伝来の翌年にポルトガル人たちが、種子島に砲身の尾栓《びせん》のネジを切るための技術（おそらくタップのような工作機械だと思われる）を持ち込んでいることが、その意図を明確に示していると思う。

その六年後にはイエズス会の宣教師であるフランシスコ・ザビエルが来日した。キリスト教の布教のためだが、彼らはポルトガル国王のために日本の市場を開拓し、やがては植民地に組み込むという目的を持っていた。

まず布教によって信者を増やし、交易によって権益を拡大し、やがてはこれと見込んだ領主を支援して政治的な力を強めていき、自分の意のままになる傀儡《かいらい》政権を作る。これがポルトガルやスペインが世界中で用いた、植民地化のためのノウハウだった。

しかしなぜ、神の使徒《しと》たる宣教師たちが侵略戦争の尖兵《せんぺい》となるのか。その原因はイスラム教徒から聖地エルサレムを奪い返すために組織された十字軍の歴史にまでさかのぼる。

異教徒から聖地を奪い返すことが聖戦だとする思想は、十六世紀の大航海時代になると、異教徒の国をキリスト教化することが神への務めだと解釈されるようになった。

それが布教、交易、植民地化を三位一体《さんみいったい》とする政策を推し進める原因となったのである。

その影響を日本でもっとも初期に受けたのが、西彼杵《にしそのぎ》・島原《しまばら》半島だった。

キリスト教布教と十字架の立つ島

ポルトガル船が初めて寄港したのは平戸《ひらど》だった。

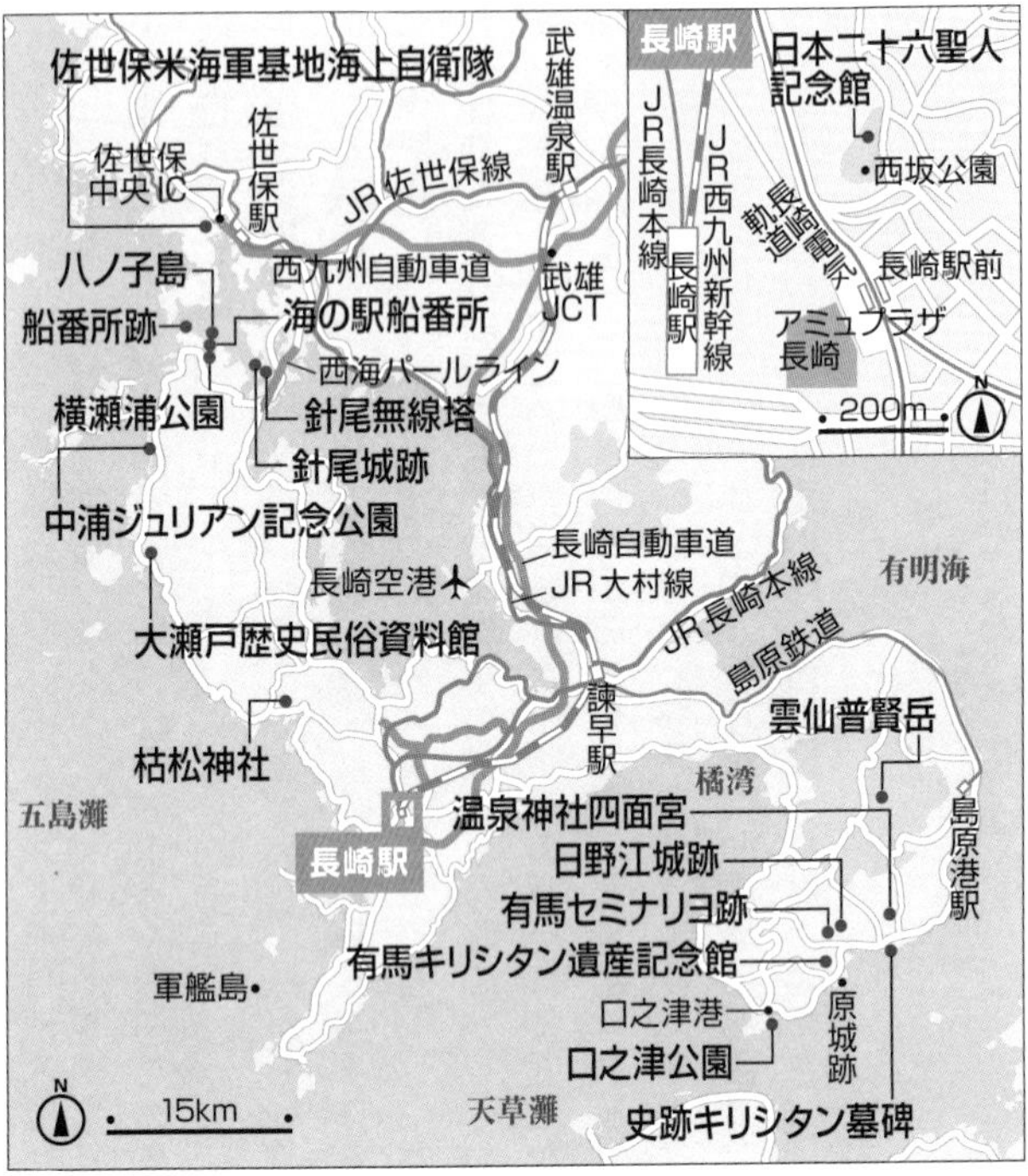

佐世保米海軍基地海上自衛隊
佐世保中央IC
佐世保駅
JR佐世保線
武雄温泉駅
西九州自動車道
武雄JCT
ハノ子島
船番所跡
海の駅船番所
西海パールライン
横瀬浦公園
針尾無線塔
針尾城跡
中浦ジュリアン記念公園
長崎自動車道
長崎空港
JR大村線
大瀬戸歴史民俗資料館
JR長崎本線
有明海
島原鉄道
諫早駅
雲仙普賢岳
枯松神社
橘湾
五島灘
温泉神社四面宮
島原港駅
長崎駅
日野江城跡
有馬セミナリヨ跡
有馬キリシタン遺産記念館
軍艦島
口之津港
原城跡
口之津公園
15km
天草灘
史跡キリシタン墓碑
長崎駅
日本二十六聖人記念館
JR長崎本線
JR西九州新幹線
西坂公園
長崎駅
長崎電気軌道
長崎駅前
アミュプラザ長崎
200m

当時平戸と五島《ごとう》列島の福江《ふくえ》には王直の屋敷があり、日本と明国、南蛮《なんばん》とを結ぶ交易に従事していた。その利益が莫大であることに目をつけたポルトガルは、王直の伝《つて》を頼って平戸に入港したのである。

天文《てんぶん》十九年(一五五〇)のことで、知らせを受けたザビエルはさっそく平戸に急行している。船長と共に平戸の松浦隆信《まつらたかのぶ》を訪ね、布教と貿易について綿密に打ち合わせたものと思われる。

隆信も南蛮貿易の利益と、硝石、鉛、鉄砲などの軍事物資の入手には大きな関心を示し、これを許した。

このため天文二十二年以後、毎年ポルトガル船が平戸に来航する活況《かっきょう》を呈し、キリスト教の布教も進んだが、これには寺の僧侶などから猛烈な反対運動が起こった。

隆信はこれに抗しきれず、永禄《えいろく》元年(一五五八)にはイエズス会宣教師のガスパール・ヴィレラを領外に追放した。その翌年にはキリシタンの主要人物に棄教《ききょう》を命じ、これを拒んだ者は財産を没収した上で追放した。

両者の対立は激化の一途《いっと》をたどり、永禄四年(一五六一)には宮の前事件が起こる。平戸の七郎宮《しちろうみや》の前でポルトガル商人と日本人の商人が争い、ポルトガル人十四人が殺害されたのである。

このためポルトガルは平戸から引き揚げ、別の貿易港を探すことにした。この時、それなら我が所領でと名乗りを上げたのが、松浦隆信と争っていた大村純忠《おおむらすみただ》だった。

大村湾のまわりを所領とする純忠は、ポルトガル船の寄港と引き替えに横瀬浦《よこせうら》の港と土地を寄進した。しかもポルトガル船には今後十年関税をかけない上に、布教の自由も保証するという破格の条件を示し、永禄五年の開港にこぎつけたのだった——。

長崎空港に降り立った我々は、まず横瀬浦を訪ねることにした。大村湾沿いの国道二〇五号を北上し、西海橋《さいかいばし》を渡って西彼杵半島に入り、正午ちかくに横瀬浦に着いた。

佐世保《させぼ》湾から南に深く切れ込んだ港には、クルーズ船が待ち受けていた。港の状況と航路を知るために、海上からの取材をするためである。

船には長崎学アドバイザーの本馬貞夫さんと、横瀬浦の史跡保存に尽力しておられる土井宣《のぶ》博《ひろ》さんが同乗して下さることになった。

船が港を出ると、右手の小さな島に白い十字架が立っていた。

「あれは八ノ子《はちのこ》島といいます。ポルトガル人たちは横瀬浦に来て間もなく、あの島に十字架を立てました。神のご加護を願うためと、入港の目印にするためでしょう」

江戸時代に十字架は撤去《てっきょ》されたが、土台に石らしきものが残っていたので開港四百年の昭和三十七年に再建した。土井さんが誇らしげにそう説明して下さった。

船はそのまま左に向かい、寄船番所《よりふねばんしょ》の沖を通った。船の航行を管理するために作られた番所には、船着場の石組みが今も残っている。

そのまま寄船鼻の瀬戸を抜けてしばらくすると、

「ほら、あれを見て下さい」

土井さんが後方を指さされた。

今出てきたばかりの瀬戸が姿を消し、山が連なっているように見える。佐世保湾は海が深くて入江が多いという長所があるばかりでなく、地形を知っている者でなければ入れない天然の隠し港になっているのである。

このことが外敵に襲われることの多かったポルトガル人たちにとって何より有り難かったようで、彼らは横瀬浦のことを「扶助者の聖母の港《ノッサ・スニョラ・ダジュダ》」と称していた。

この地と関わりが深かったルイス・デ・アルメイダは、「平戸からは六レグワ（約三十三キロ）で、海上から来れば、非常に接近した後でなければ、外から港口を見ることができない」と記している。

私は港の入口に目を向けながら、数年前にリスボンを訪れたことを思い出していた。テージョ川の河口にあるベレンの塔（世界遺産）を見ながら、アルメイダやルイス・フロイスはここから日本に向かったのかと思ったものだが、彼らは一年半近い航海の末に、この地にたどり着いたのである。

船は面高港《おもだか》まで行った後、その狭い港口を通って再び佐世保湾に入った。左手には佐世保の町が広がり、港には海上自衛隊の艦船も停泊している。

横瀬浦から佐世保までは定期船で十五分で、通勤に利用している人も多いという。まさに内海の世界だが、佐世保湾は伊ノ浦《いのうら》瀬戸（針尾《はりお》瀬戸）によってさらに奥の大村湾とつながっている。

船はその入口、西海橋の近くまで進んだ。二つの内海が川幅ほどの瀬戸でつながっているために、干潮や満潮のたびに潮はもの凄《すご》い速さで複雑な動きをしながら流れていく。それを熟知している者しかこの瀬戸を通ることは出来なかったので、大村湾に入るためには水先案内人が必要だった。寄船番所はそうした案内人を乗せる役目もはたしていたのである。

「あれが針尾城跡です。ルイス・フロイスの『日本史』にも記された、針尾伊賀守《いがのかみ》の居城だった所です」

東側の崖《がけ》の上をながめて、藤田達生教授が説明して下さった。

針尾城は小鯛の港を見下ろす丘に築かれた城で、伊ノ浦瀬戸を通る船から通行料を取るための拠点となっていた。

横瀬浦開港の翌年、針尾伊賀守は松浦隆信らと共謀して大村純忠に反旗をひるがえした。宣教師たちが乗った船が横瀬浦から大村へ向かうと聞きつけ、これを待ち伏せして皆殺しにしたのである。

幸い船に乗る予定だったトルレス神父とルイス・フロイスは病気のために出港を見合わせていたために難を逃れたが、横瀬浦はこの争乱に巻き込まれて灰燼《かいじん》に帰した。

この後ポルトガルは寄港地を福田《ふくだ》へ、さらに長崎へと移す。国際貿易港長崎は、こうして発足したのである。

大村純忠が史上初のキリシタン大名となる

港に戻り「海の駅　船番所」というレストランで昼食をとった後、港の南の高台にあった教会跡を訪ねた。

教会は奥行き九ブラサ（約二十メートル）、横五ブラサ半（約十二メートル）で、まわりを大樹に囲まれ、付属の家屋や菜園もあったという。

高台の下には田辺川が流れ、川の向こうの高台には民家が建ち並んでいた。

永禄五年（一五六二）に港が開かれ教会が建てられると、平戸や博多《はかた》、豊後《ぶんご》から商人や信者が移り住み、寒村だった横瀬浦はたちまち大きな町になった。

トルレス神父は町の辻に高さ七メートル近い十字架を建てたが、ポルトガル人たちはキリスト教国にもこのような美しい十字架はないと言って喜んだ。

「八ノ子島と町の辻と教会にあった三つの十字架が、一直線に並んでいるように見えたのだと思います。はるばる海を渡ってきたポルトガル人にとって、神の懐に抱かれるような心安まる景色だったのでしょう」

土井さんはそう言って、興味深い話をして下さった。

土井さんが所有する教会近くの畑から、大きな人骨が出てきた。この地で亡くなった外国人のものだろうと思い、改めて墓地に埋葬されたという。

教会の南には大村純忠の屋敷跡がある。純忠はこの地をイエズス会に寄進したが、自分が教会を訪ねて来た時に泊まるための屋敷を建てたのである。

教会の跡地から見下ろせば、横瀬浦が天然の良港であることも、八ノ子島の十字架が入港のための格好の目印だったこともよくわかる。

実は純忠が入信することは、ポルトガルが横瀬浦を寄港地にする条件のひとつだった。しかし平戸で仏教徒たちが猛烈に反発したことを知っている純忠は、家中《かちゅう》での反対が根強いことを理由に改宗をためらっていた。

しかし約束は守らねばならないし、本人もキリスト教の教えに共鳴することが多かったようで、永禄六年三月に横瀬浦を訪ねて以来、何度も教会に通うようになった。

トルレスはこの返礼に五月中旬に大村館《おおむらやかた》をたずねた。ポルトガル人三名を従え、針尾の瀬戸を通って大村湾に入り、純忠と会って入信のための打ち合わせをしたのである。

それから数日後、今度は純忠が三十人ばかりの家臣を従えて横瀬浦を訪ね、五月二十日に洗礼を受けてドン・バルトロメオと名乗ることになった。

純忠は数えで三十一歳。日本初のキリシタン大名の誕生だった。

この頃、島原半島の有馬義貞《ありまよしさだ》（晴信《はるのぶ》の父）は佐賀の龍造寺隆信《りゆうぞうじたかのぶ》と戦っていた。義貞の弟である純忠は、有馬勢を支援するために出陣したが、キリシタンとなったことを誇示するあまり、出陣の途中で神社仏閣を焼き払った。

しかも七月十五日の盂蘭盆《うらぼん》では旧来の仏教の行事を廃し、五、六千人の貧民に食物をほどこすことで、神の恩恵に報いることにした。その上、養父大村純前《すみさき》の木像を焼いて、先祖供養や仏教的な風習の愚かさを領民に分からせようとした。

これには大村家中からも非難の声が上がり、純忠を追放して後藤家に養子に行った後藤貴明《たかあき》（純前の実子）を呼び戻すべきだという意見が大勢を占めた。

好機到来と見た松浦隆信や針尾伊賀守は、後藤貴明と示し合わせて純忠打倒の兵を挙げた。

先に記した針尾らによる船の襲撃はこの時に起こったことで、純忠も大村館を脱出して多良山に身を潜《ひそ》めざるを得なくなった。

純忠が横瀬浦をイエズス会に寄進してわずか一年数か月後のことで、南蛮貿易とキリスト教

かつて多くの南蛮船が寄港した横瀬浦。穏やかな海が往時を偲ばせる。

大村純忠の受洗場面を描いたレリーフ。横瀬浦公園内にある。

キリシタン大名・大村純忠の屋敷跡。江戸時代には代官所、庄屋屋敷、明治に小学校となり、現在は保育園の敷地内にある。

横瀬浦の沖合約300mに浮かぶ八ノ子島。永禄五年（1562）に開港し、ポルトガル船などが入港する際の目印となった。十字架が復元されたのは昭和37年。美しい光景に心奪われる。

針尾城跡に近接した地には、旧海軍が設置した無線塔が立つ。

日本三大急潮に数えられる伊ノ浦瀬戸を望む。新西海橋が見える。

の受容を両立させることがいかに難しいかを示している。

今やおだやかな寒村にもどった横瀬浦は、そうした歴史を秘めたまま沈黙を守っているのである。

ルイス・フロイスと大村純忠

西彼杵《にしそのぎ》半島のある長崎県西海市《さいかいし》・横瀬浦《よこせうら》公園から港に向かう道を下りると、宣教師ルイス・フロイス像がある。

福岡県出身の彫刻家坂井公明《こうめい》の作で、左手にノートを持ち、右手を信仰にいざなうように差し伸べている。

台座には「ルイス　フロイス　一五三二～一五九七　一五六三・〇七・〇六（三十一才）横瀬浦上陸」と記されている。

後に『日本史』（中公新書所収）を記し、戦国時代史研究のための第一級の資料を残してくれたフロイスは、この年（日付は諸説あり）に日本での第一歩を記した。

上陸の様子について、フロイスは次のように記している。

〈我等は一夜その大部分過ぎし時当港に上陸せり。この地のキリシタン等はこの船によりパードレ等インドより来《きた》るべしと聞き居《お》りたれば、悉《ことごと》く我等を出迎へ、大《おおい》に満足せることを示さん

ため約二百人会堂まで同伴せり〉（イエズス会士日本通信　上　雄松堂書店）

フロイスは一五三二年にリスボンで生まれ、九歳でポルトガルの宮廷に見習いとして仕え、十六歳の時にイエズス会に入会した。

その翌年、リスボンから出港してインドのゴアに赴任し、フランシスコ・ザビエルの薫陶を受けた。そうしてフロイス像の台座にあるごとく、一五六三年の夏に横瀬浦に着いたのである。

これは大村純忠《おおむらすみただ》が受洗して間もない頃で、フロイスも純忠が直面していた問題に否応《いやおう》なく巻き込まれることになった。

入信した純忠は、家臣たちを受洗させるために四、五人ずつ横瀬浦に派遣した。一度に入信させると僧侶たちの反発を招き、平戸《ひらど》でのような騒動が起こりかねないと危惧《きぐ》したからで、フロイスは到着して四日後に六十余人に洗礼を授けた。

やがて純忠はトルレス神父を大村《おおむら》に招き、教会を建てる作業に着手したいと望むようになった。そこで腹心のドン・ルイス（朝長新助）を横瀬浦につかわして交渉に当たらせた。

トルレスもこれを喜び、フロイスを連れて大村に行くことにしたが、これを察知した大村家中の反キリシタン派は、宣教師を殺し、純忠を打倒する策をめぐらしていた。

トルレスらの出発は八月十五日。聖母被昇天《せいぼのひしょうてん》の祝いを終えてからと定められていたが、フロイスはその前夜から激しい発熱と頭痛に襲われた。

九死に一生を得たルイス・フロイス

〈予は発熱し甚《はなは》だしき頭痛を覚えしが告白を聴く必要に迫られ、晩禱《ばんとう》後夜まで会堂に在りてこれをなし、最早《もはや》堪《た》へざるにいたりて内に入り席の上に横臥《おうが》し、（中略）然《しか》れども予が発熱よりも更に苦痛に感じたるは、翌日パードレ（トルレス）が誓願をなすに当り聖祭を勤むる能《あた》はず、また病重くなり大村に行くこと能はざるにいたらんことなりき〉（前同）

フロイスは一五六三年十一月十四日に送った「ヨーロッパに在るイルマン等に送りし書翰《しょかん》」にそう記している。

この状況を見たドン・ルイスは病状の回復を待つこととし、その旨を純忠に伝えるために十五日の午後に大村に向かって出発した。

ところが伊ノ浦瀬戸（針尾《はりお》瀬戸）にさしかかった時、反純忠派と通じた針尾伊賀守《いがのかみ》の兵に襲われ、ドン・ルイス以下全員が討ち取られた。

もしこの船にフロイスが乗っていたら命はなかったはずで、『日本史』も残されることはなかった。

あるいは急な発病は、彼の才能を惜しんだ神の計らいだったのかもしれない。

襲撃直後、針尾伊賀守は狼煙《のろし》を上げて大村に決起を知らせた。これを見た反純忠派はいっせいに挙兵して大村館の純忠を襲った。

ところが純忠は、こうした陰謀があることを察知していたのか、いち早く城を脱出して多良《たら》山に逃れた。

翌十六日には針尾伊賀守が横瀬浦に来襲するという噂が立ち、フロイスやトルレスらは港に停泊中の船に逃れることにした。

また港にいたポルトガル人も衣服を持って船に逃れ、教会や宿所にあった品々も船に積み込んだ。

〈町は空虚となりしが、港には敵来らずまた火災なく、他の困難もなかりしがゆえに、このうへの苦痛なかりしは我等の主《しゅ》を讃《ほ》むべきことなり〉（同前）

フロイスは書翰にそう記しているが、横瀬浦はそれから三か月後に放火されて灰燼《かいじん》に帰した。

フロイスの同僚であるルイス・デ・アルメイダは書翰の中で「敵の一人にして最も近き所に在りし者（針尾伊賀守）のために密《ひそか》に焼かれたり」と記している。

ポルトガル人やイエズス会が貿易の拠点とした港は、莫大な富と軍事物資をもたらす場所である。そこで純忠打倒に立ち上がった伊賀守は、横瀬浦を真っ先に標的にしたものと思われる。

襲撃を受ける側も世界各地でそうした経験をしているだけに、危険が迫ると海の要塞《ようさい》と言うべき船にいち早く避難したのである。

その後、南蛮《なんばん》貿易の拠点は横瀬浦から福田《ふくだ》、そして長崎へと移っていく――。我々もその足跡を追って国道二〇二号線を南に向かったが、途中いくつかのスポットに立ち寄ることにした。

最初に訪ねたのは、西海《さいかい》市の中浦南郷《なかうらみなみごう》にある中浦ジュリアン記念公園だった。伊東マンショ、千々《ちぢ》石《わ》ミゲル、原マルチノらと共に天正遣欧《てんしょうけんおう》使節団の一人としてヨーロッパに渡った中浦ジュリアンを顕彰《けんしょう》するために作られた記念公園である。

彼らは一五八二年（天正十年）二月に長崎を出港、三月にマカオに入港し、十二月に出港。ゴアやモザンビーク、セントヘレナ島などを経て、一五八四年八月にリスボンに入港した。

そして十一月にはスペイン国王フェリペ二世に、翌八五年三月にはローマ教皇グレゴリウス十三世に謁見《えっけん》し、行く先々で盛大な歓迎を受けた。

一五八六年四月にリスボンを出港して帰国の途につき、四年後の九〇年七月に長崎に帰港。旅に出てから実に八年五か月ぶりの帰国で、翌年三月には京都の聚楽第《じゅらくだい》で豊臣秀吉に謁見し、帰朝報告をした上で西洋音楽などを披露した。

その後四人はイエズス会に入会し、マカオの神学校で学び、国内での布教活動にあたった。ところが江戸時代になってキリシタン弾圧が熾烈《しれつ》を極めるようになり、四人四様の過酷《かこく》な運命をたどることになった。

「中浦氏はこの地方に勢力を張った豪族で、あの山を詰めの城にしていました」

長崎学アドバイザーの本馬貞夫さんが、公園の北側の山を指して教えて下さった。公園のあたりに常《つね》の屋敷があり、敵に攻められた場合には詰めの城にこもって防戦するのである。

この地で育ったジュリアンがローマを訪ね、リスボンで生まれたフロイスやアルメイダが長崎や天草《あまくさ》で生涯を終えている。

まさに大航海時代を体現した、世界に向けて開かれた土地だったのである。

我々はさらに南下し、西海市大瀬戸《おおせと》町の歴史民俗資料館に立ち寄った。

ここで目を引かれたのは家船《えぶね》の縮小模型である。この地方では漁民や海上輸送に従事していた人々が、船を住《す》み処《か》として生活をしていた。

いわば海上の民で、模型はその生活ぶりを伝えている。それを見て宮本輝《てる》原作の映画『泥の河』を思い出した。大阪の淀川《よどがわ》河口には昭和三十年代まで家船で暮らす人々がいたのである。

彼らは常民《じょうみん》からは差別的な扱いを受けることが多かったが、戦国時代に経済活動が活発になると商業、流通の荷《にな》い手として大きな力を持つようになった。

そして身分や営業権の保証を求めて石山《いしやま》本願寺の門徒となり、一向一揆《いっこういっき》の中心勢力となっていく。

やがて信長が本願寺と戦うようになると、一向一揆を離れてキリスト教徒になる者が増えていった。

この地方にもそうした者たちが多かったようで、宣教師たちが家船に乗って大島や松島《まつしま》に渡って布教にあたったという記録が残されている。

彼らはいわれなき差別と過酷な労働に苦しんできただけに、神の前の平等と魂の救いを説くキリスト教に魅せられ、身命を賭《と》して信仰を守り続けたのかもしれない。

寄進された長崎の土地と統治権

やがて長崎市内に入り、下黒崎《しもくろさき》町の枯松《かれまつ》神社に向かった。カトリック黒崎教会を過ぎて山道に入り、松林の中の小径《こみち》をしばらく登ると、石の階段の先に神殿があった。

ここは遠藤周作が描いた『沈黙』の舞台となったところである。

慶長十八年（一六一三）に江戸幕府が禁教令を発し、キリシタンに対する弾圧を強化すると、この地方の信者たちは潜伏キリシタンとなって信仰を守り続けた。

表向きは幕府が定めた寺の檀家《だんか》として生活しながら、潜伏キリシタンの組織を作って互いに助け合い励まし合ってきたのである。

枯松神社はそんな彼らの心の拠《よ》り所となった聖地で、もとは禁教時代に外海《そとめ》地方で指導的役割をはたした日本人伝道士バスチャンの師であるサン・ジュワンの墓があった場所である。

信者たちはこの地に集まってひそかにオラショ（祈禱文《きとう》）を黙唱し、信仰を守り続けてきた。参道の近くにはオラショを密《ひそ》かに習得したと伝えられる祈りの岩があるが、昭和十三年になるとサン・ジュワンの墓をおおう祠《ほこら》にかわって枯松神社が建立された。

この頃には信仰の自由が許されていたはずだが、長年弾圧を受けてきた潜伏キリシタンたちは、政府の言葉を容易には信じなかったのだろう。

そこで国家神道をかかげる政府に迎合《げいごう》する形で、神社を建立したのではないかと思われる。

「この地方や浦上《うらかみ》にはコンチリサン（教義書）という赦《ゆる》しのオラショが伝えられてきました。宣教師がいないなかでもかたく信仰を守ったのです」

本馬さんは潜伏キリシタンの研究にも取り組んでおられ、神社で行なわれる祭礼にも参列しておられるという。

夕暮れ刻《どき》、長崎市街に入った。

半島に深く湾入していた内海を埋め立てて築いた町で、両側に迫る山の中腹まで宅地と墓地が階段状に続いている。

この地を俗に「坂と墓と馬鹿の町」というらしい。坂と墓はよく分かるが、馬鹿とは何だろう。失礼ではないかと思っていると、「お祭り馬鹿」だと教えていただいた。

長崎の人々は無類の祭り好きで、大枚をはたいて熱狂するという。

「何だか町の雰囲気がリスボンに似ていますね」

私はパルマ通りの急な傾斜を思い出してつぶやいた。

「ほんとだ。さっきからどこかに似ていると思ってたんですよ」

北村さゆりさんが賛同して下さった。

各地にスケッチ旅行に行かれる北村さんがそう感じられるのだから、私の観察眼もまんざらではないようだが、歴史的に見ても長崎はリスボンと深いつながりがある。長崎の基礎は、宣教師によって築かれたからだ。

横瀬浦が焼失した後、イエズス会は福田に拠点を移したが、ここの港は南蛮船の寄港に適していなかった。

そこで元亀《げんき》元年（一五七〇）に長崎を拠点とすることにし、翌年には早くもマカオを発したポルトガルの定期船が入港している。

このため小さな漁村であった長崎には、多くのキリシタンや貿易商人が移り住み、一躍国際貿易港へと発展していった。しかも天正八年（一五八〇）には、大村純忠が長崎港と茂木《もぎ》港をイエズス会に寄進している。

土地の所有権を譲渡し、統治権も認め、港に入る船の津料《りよう》（港湾利用税）の徴収権も与えるというのだから、長崎は大村領ではなくイエズス会領となった。

そしてマカオなどと同じように、イエズス会とポルトガル人によって市街地の開発と要塞化が進められていった。

長崎は異国情緒《じょうちょ》ただよう町だと言われる。それは江戸時代にオランダや中国との貿易が行なわれていたためでもあるが、その遠因にはこうした事情もあったのである。

なぜ宣教師たちは長崎を目指したのか

取材班は、南島原市《みなみしまばら》へ向かった。

この日の主な取材先は、イエズス会の宣教師たちが拠点にした口之津《くちのつ》と加津佐《かづさ》。それに島原の乱の舞台になった原城《はらじょう》跡である。

国道二五一号線を東に向かうと、橘湾《たちばなわん》が広々と横たわっている。小雨も降り出し海は灰色で、風に吹かれて波も立ち始めているが、海が開けた土地には独特の解放感がある。日本の都道府県のうち、長崎県ほど海に恵まれた所はないと、今回の取材でまざまざと実感した。

しかも黒潮が対馬《つしま》海流となって南から流れ込む場所に位置しているのだから、宣教師たちが真っ先に活動の拠点としたのはきわめて自然なことだった。

橘湾の東の端には島原半島が横たわっている。雲仙岳《うんぜんだけ》を中心とした火山島のような地形で、普賢岳《ふげんだけ》の噴火による火砕流《かさいりゅう》が島原市に大きな被害をもたらしたことは記憶に新しい。

半島に入るとすぐに「千々石《ちぢわ》ミゲル生誕地」という大きな看板が目についた。

天正遣欧《てんしょうけんおう》少年使節の一員として、中浦《なかうら》ジュリアンらと共にヨーロッパに渡った千々石ミゲルは、雲仙市千々石町で生まれたのである。

本名は紀員《のりかず》。釜蓋《かまぶた》城の城主であった千々石大和守直員《やまとのかみなおかず》の嫡男《ちゃくなん》として、永禄《えいろく》十二年（一五六九）に生を受けた（諸説あり）。

父直員は日野江《ひのえ》城主の有馬義貞《ありまよしさだ》の弟だが、実家の勢力拡大のために千々石家に養子に入った。同じ目的で大村《おおむら》家に養子に入った純忠《すみただ》は直員の兄で、ミゲルにとって伯父に当たる。

直員はミゲルが生まれた年に釜蓋城を築いて所領の守りを固めるが、八年後に佐賀の龍造寺《りゅうぞうじ》隆信《たかのぶ》の猛攻を受けて自刃《じじん》する。

そのためミゲルは純忠のもとに引き取られ、天正八年（一五八〇）に洗礼を受け、その二年後には遣欧使節の一員となってヨーロッパに向かった。

八年後の天正十八年に帰国。その後、四人のうちミゲルだけが棄教《ききょう》したと伝えられてきたが、平成十五年（二〇〇三）に諫早《いさはや》市多良見《たらみ》町で千々石ミゲル夫妻の墓が発見された。そこにキリシタン様式の副葬品があり、棄教説は再検討を迫られている。

宣教の地のロマンは、今も脈々と息づいているのである。

キリスト教による仏教寺院迫害の歴史

午前十時半、南島原市役所に着いた。

平成十八年に南有馬町や口之津町など八つの町が合併して現在の市になった。その市域は島原半島の南部を占め、かつての有馬氏の勢力範囲とほぼ一致する。

市役所の玄関で、文化財課課長の松本慎二さんが待ってくれていた。原城跡の研究に長年たずさわっておられる方で、長身でどこか垢抜《あかぬ》けた雰囲気がある。

玄関の脇には市民憲章を刻んだ石碑が建てられていた。

その中には「いち早くヨーロッパの文化を受け入れた誇り高い歴史のまちです」とか「幾多の困難の中にあっても、夢と希望をもって懸命に生きてきました」という文言があり、南蛮船の寄港地として栄え、原城の悲劇の舞台となった郷土の歴史に対する市民の認識がうかがえる。

まず日野江城を訪ねた。有馬氏の祖である藤原経澄《つねずみ》が鎌倉時代の初期に築城したと伝えられ、南の有馬川《ありまがわ》、東の大手川に守られた小高い丘を城地としている。

丘の頂に本丸、東に二の丸、西に三の丸を配しているが、近年の発掘調査で大手川付近から二の丸に向かって階段が直線的に伸びていたことが確認された。

「ここにその跡がわずかに残っています。長さは八十メートルもあり、幅は三メートルほどでした。階段には自然石を使い、脇には排水溝も整備されていました」

雨にぬれた草をかき分けて、松本さんが説明して下さった。

こうした構えは安土《あづち》城によく似ているが、いつ頃、何のために作ったのかは調査中だという。

「二の丸から本丸に通じる道はまだ検出されていないので、二の丸は独立した空間になっていたのかもしれません。有馬晴信《はるのぶ》（義貞の子）の頃には、キリスト教の教会が建っていて、そのために真っ直《す》ぐな石段を作ったとも考えられます」

晴信はドン・プロタジオの洗礼名を持つキリシタン大名で、イエズス会を保護し領内の布教にも熱心だった。それを象徴する遺構《いこう》が二の丸の北側に残されている。

「ここにも階段がありましたが、石の代わりに五輪塔《ごりんとう》や宝篋印塔《ほうきょういんとう》などの仏塔が百個近く敷き詰めてありました。仏教を否定してキリスト教徒としての自覚をうながすためのものだったのかもしれません」

現在は遺跡を保護するために埋められているが、仏塔をずらりと敷き詰めた階段は異様な光景だったろう。

安土城の階段にも仏塔が使われていて、現代の我々でも踏むのを避けるほどだから、当時の人々に与えた衝撃は大きかったに違いない。

そうした階段をメイン階段の脇にわざわざ作ったのは、家臣や領民に仏塔を踏ませ、キリスト教への忠誠を誓わせるための「踏み絵」にするためだろう。

こうした所にも新しい信仰への情熱と、他よりも熱心な信者であることを競って示そうとした危うさが感じられる。

「晴信の頃には布教に熱心なあまり、仏教や神道に対する迫害が行なわれました。神社仏閣は焼き払われ、仏像は叩《たた》き割られて薪《たきぎ》にされたのです」

一般的にはキリシタン弾圧の方が注目されがちだが、こうした歴史があったことも忘れてはならない。松本さんはそんな冷静で公平な史眼を持ち、この時代の真実に迫ろうとしておられるのである。

それにしても島原半島を領しただけの有馬氏に、どうして日野江城や原城のような巨大な城を築くことができたのか。

その謎を解く鍵が、城内から出土した大量の陶磁器にある。中国や東南アジアから輸入した壺や碗、皿などが、有馬氏が活発に海外貿易を行ない莫大な富を得ていたことを示している。

出土品の中には法花《ほうか》と呼ばれる三彩《さんさい》陶器のかけらもあるが、これは全国でも二例目の貴重な品だという。

法花は中国の官窯《かんよう》として門外不出とされたもので、これを持っていたことは有馬氏が中国との貿易において特別な地位を占めていたことをうかがわせる。

十六世紀の前半、日中の貿易の仲介をしていたのは中国の海商王直《おうちょく》を中心とした「後期倭《わ》寇《こう》」と呼ばれる者たちだった。

王直は五島列島の福江《ふくえ》と平戸《ひらど》に屋敷を持ち、松浦《まつら》氏や有馬氏を中心とした肥前《ひぜん》の領主たちと活発に交易していた。

ちょうどその頃石見《いわみ》銀山が開発され、優良な銀が輸出され、海外からは陶磁器や薬種《やくしゅ》、絹織物などが輸入されるようになった。

日本で鉄砲が使われるようになると、火薬の原料である硝石《しょうせき》や弾《たま》の原料の鉛《なまり》が高価で売買され、中国、東南アジアとの貿易からは莫大な利益が上がるようになった。

これに目をつけたのは、マカオを拠点としていたポルトガルである。彼らはイエズス会の宣教師を日本に送り込んで貿易の窓口を開かせるとともに、王直らの船団に攻撃を加えて東シナ海交易を独占していった。

それゆえポルトガルとの貿易に参入することが、肥前の領主たちの緊急の課題となった。貿易のためにはイエズス会の仲介が必要である。仲介してもらうためにはキリスト教の布教を認め、領主自らが入信して手本を示す必要がある。

そうした条件を満たすために大村純忠《おおむらすみただ》が横瀬浦《よこせうら》や長崎の港をイエズス会に寄進し、日本初のキリシタン大名になったことは、前稿でも触れた通りである。

純忠の甥《おい》に当たる晴信もこの道を踏襲《とうしゅう》し、キリシタン大名となって口之津の港で貿易を行なった。

もちろん個人的な信仰心もあったのだろうが、その背景にはポルトガルと貿易ができなければ収入の道が断たれる、という切実な事情もあったのである。

中浦ジュリアンからローマへの手紙

時は世界の大航海時代。その余波を受けて国際貿易港になった口之津《くちのつ》を訪ねた。

港は早崎瀬戸《はやさきせと》に向かって鉤形《かぎがた》に突き出した土平崎に守られていて、対岸には天草の下島《しもじま》、上島《かみしま》が横たわっている。

地形、地理ともに恵まれた天然の良港で、港の側《そば》には天正七年（一五七九）に来日したイエズス会の東アジア巡察師《じゅんさつし》アレッサンドロ・ヴァリニャーノの銅像が建っている。

彼が来日したのは、アフリカの喜望峰《きぼうほう》以東で布教にあたるすべてのイエズス会士を統括する責任を負ってのことである。天正九年二月には都での「馬揃《うまぞろ》え」に臨席し、その後、安土城下に七月まで滞在して信長との交渉にあたった。

この銅像は口之津開港四百五十年を記念して、ヴァリニャーノの出身地であるイタリアのキエーティ市の募金からの寄付によって造られただという。

有馬義貞が港を開いたのは永禄《えいろく》五年（一五六二）。大村純忠が横瀬浦を開いたのと同じ年である（諸説あり）。その後、有馬氏の領国支配が安定していたこともあって、口之津はイエズス会の布教の中心地となっていく。

一五六六年に宣教師フィゲイレドが口之津から送った書翰《しょかん》には、「島原および口ノ津においては受洗志願者絶えず、ことに口ノ津には大村の人たち洗礼を受けまた告白をなすために来《きた》り」と記されている。

口之津に近い加津佐《かづさ》に設置されたコレジオ（神学校）には、天正遣欧少年使節が持ち帰ったグーテンベルク式の活版印刷機が設置され、キリシタン版と呼ばれる我が国初の活版印刷本が作られた。

栄光の帰国から三十一年後、司祭となった中浦ジュリアンは口之津にいた。

彼が一六二一年九月二十一日付でイエズス会総長顧問であるヌノ・マスカレニヤス神父に送った手紙は、ローマのイエズス会文書館に保存されていたが、昭和五十七年（一九八二）に日本二十六聖人記念館に寄託された。

その全文が訳文を添えて「キリスト教の伝来と西海《さいかい》の歴史」（西海市横瀬浦開港450周年記念事業実行委員会編）に掲載《けいさい》されている。弾圧下の状況を知る格好の資料なので、要点だけ紹介させていただきたい。

〈一六二一年六月に、神父様のローマからの手紙を口之津でいただきました〉

手紙の冒頭にはそう記されている。日本が鎖国に踏み切るのは寛永十六年（一六三九）なので、この頃にはまだローマとの手紙のやり取りができていた。手紙と共に聖具類も送られたようで、〈信仰心を起こさせる送って下さった品々を彼ら（信者たち）にも崇敬《すうけい》させました〉とも、〈聖なる都ローマ、教皇聖下、枢機卿《すうきけい》、カトリックの貴族、私がヨーロッパ滞在中に彼らから受けた愛に満ちた恵みの思い出を新たにし、私の楽しみとなぐさめは少なくありませんでした〉とも記している。

ところが外には弾圧の嵐が吹き荒れていて、〈この年には、日本の所々にあった多数の厳粛な殉教者のことをお聞きになったでしょう。彼らの大部分はこの島原地方の人々でした。そして、この口之津町からだけでも二十一人の殉教者があり〉と伝え、次のように状況が緊張していることを告げている。

〈ちょうど今も、神父様へのこの手紙を終わろうとしているとき信者が来て、もっと安全な所に逃れるようにと知らせました。この地方の領主が高来《たかき》の教会で今も守られている福音《ふくいん》の教えを滅ぼすために、新たに迫害を始めるという知らせがありました〉

そうした迫害にもかかわらず、ジュリアンらは、〈毎年四千人以上の信者に赦《ゆる》しの秘跡を授け、世話が私に任されていて、その上に、私たちの間で分担されているここの国々への布教の旅も

横瀬浦公園に立つルイス・フロイス像。イエズス会宣教師として日本にきたフロイスは、この後京都に上洛、織田信長とも交流する。

中浦ジュリアン記念公園（長崎県西海市）に立つ中浦ジュリアン像。

キリシタン大名となった有馬晴信の居城・日野江城跡（北有馬町)。土中には中世の石塔が踏み石に転用された階段が眠る貴重な遺構。イエズス会宣教師が「日本にこれほど壮麗な建物があるとは」と讃えた。

破壊された五輪塔。大村、有馬氏らのキリシタン大名は領内の仏教寺院に弾圧を加えた。寺院は破却され、五輪塔や宝篋印塔も破壊された。

日野江城跡を歩く。

口之津町の「南蛮船来航の地」に隣接する公園にあるイエズス会宣教師ヴァリニャーノの胸像。後に織田信長にも謁見した。

あります〉と、ねばり強い活動ぶりを報告している。

ジュリアンが捕らわれ、長崎で「穴吊るしの刑」で殉教したのは、これから十二年後。島原の乱が勃発《ぼっぱつ》する四年前だった。

日本で最初の活字印刷

キリシタンという呼び方には抵抗がある。

キリスト教徒のことはポルトガル語ではクリスタン、スペイン語ではクリスティアノだから、キリシタンとは和製造語だと思われる。

しかも江戸時代には「切支丹」という禍々《まがまが》しい字が当てられ、過酷な弾圧の対象とされたのだから、キリシタンという呼び方には、戦前の「非国民」という言葉に似た暗いイメージがつきまとっている。

すでに歴史用語として定着しているので如何《いかん》ともしがたいが、違和感があることだけはお伝えして諸賢の判断をあおぎたい。

南島原《みなみしまばら》市南有馬町には『有馬《ありま》キリシタン遺産記念館』がある。

世界文化遺産に指定された「長崎と天草《あまくさ》地方の潜伏キリシタン関連遺産」について展示したもので、この地方へのキリスト教の伝来と繁栄、激しい弾圧、潜伏、復活の歴史について学ぶことができる。その中でも特筆すべき事件は、以下の通りである。

一五六二年（永禄《えいろく》五年）口之津《くちのつ》開港（諸説あり）。
一五六七年（永禄十年）ポルトガル船来航。
一五七九年（天正《てんしょう》七年）アレッシャンドロ・ヴァリニャーノの口之津来航。
一五八〇年（天正八年）有馬セミナリヨ建設。
一五八二年（天正十年）天正遣欧《けんおう》少年使節の長崎出港。
一五九〇年（天正十八年）少年使節の帰国。
一六一四年（慶長《けいちょう》十九年）幕府が全国に禁教令を発す。有馬直純《なおずみ》、日向《ひゅうが》に転封《てんぽう》。
一六三七年（寛永《かんえい》十四年）島原の乱が起きる。
一六三八年（寛永十五年）島原の乱鎮圧。
一六三九年（寛永十六年）ポルトガル船の来航を禁止する。鎖国の始まり。

記念館にはこうした歴史にまつわる品々が展示してあるが、目を引かれたのはグーテンベルク式の印刷機（複製）である。
これは天正遣欧少年使節団が加津佐《かづさ》に持ち帰ったもので、この印刷機で日本初の活字印刷本

（キリシタン版）が作られた。

京都の円光寺《えんこうじ》には徳川家康が作らせた木製活字五万点余が保存され、伏見版と呼ばれる印刷本が発行されたことで知られているが、これはキリシタン版の技術に学んだものと思われる。日本の出版史においても、時代を画する貴重な遺品なのである。

少年使節団渡欧の真相

年表からも分かるように、わが国へのポルトガル船の来航は七十七年の長きにおよぶ。その間に有馬セミナリヨ（神学校）や加津佐コレジオ（大神学校）が創建され、イエズス会の日本布教の中心地となった。

当地の領主である有馬義貞《よしさだ》、晴信《はるのぶ》父子や、大村《おおむら》領主大村純忠《すみただ》（義貞の弟）もキリシタン大名となり、領内での布教を奨励《しょうれい》し仏教を弾圧したので、有馬、大村領はあたかもキリシタン王国の観を呈するようになった。

同行の藤田達生教授は、

「この地はイエズス会とポルトガルが立てた日本進出計画の、プラン通りに進んだ所なんですよね」

旅の途中でそうおっしゃったが、まさに然《しか》り。イエズス会は貿易による巨大な利益や軍事物資を提供する見返りに、布教の自由の保証や入信を求めた。

そしてやがては日本全体をキリスト教国（植民地）にしたいと計画していたが故に、秀吉や家康に危機感を抱かせ、バテレン追放令や禁教令、そして過酷な弾圧につながっていく。

その終末的事件が島原の乱なのだが、原城《はら》を舞台とした凄惨《せいさん》な事件に入る前に、日本史にもうひとつの可能性があった時代に触れてみたい。

日本が鎖国をせずに西洋との交流を押し進めていったならどうなったか。それをうかがう手掛かりとして、ティアゴ・サルゲイロ氏が書かれた『戦国の少年外交団秘話』（田中紅子訳、南島原市発行）を参考にしながら、四人の少年使節の足跡《そくせき》をたどってみたい。

本書はポルトガルのヴィラ・ヴィソーザ市にあるブラガンサ家に残された当時の記録をもとに、少年使節団の実態と彼らを受け容《い》れたポルトガル側の動向に迫ったものだ。

四人のうち中浦《なかうら》ジュリアンと千々石《ちぢわ》ミゲルについては前項で紹介した。

他の二人。伊東《いとう》マンショは日向国《ひゅうがのくに》の出身で、豊後《ぶんご》のキリシタン大名大友宗麟《おおともそうりん》との縁によって入信した。原《はら》マルチノは肥前国《ひぜんのくに》（東彼杵郡《ひがしそのぎ》波佐見《はさみ》町）の出身で、両親ともキリシタンだった。

四人は有馬セミナリヨで学ぶ二十二人の中から選ばれた秀才で、語学や音楽にも秀《ひい》でていた。

中浦十二歳、千々石十四歳、伊東十二歳、原十三歳だったという。

ヴァリニャーノとメスキータ神父にひきいられた一行は、一五八二年二月二十日に長崎から出航し三月九日にマカオに着いた。

翌年一月二十七日にマラッカに着き、四月にはインドのコーチンに入港した。船旅や風待ちの間にも、少年たちはポルトガル語やラテン語の勉強を欠かさなかった。

一五八四年二月二十日、長崎を出てちょうど二年後に一行はコーチンを出港し、八月十一日にリスボンに着いた。実に二年半の長旅である。

リスボンではサン・ロケ教会に滞在し、王侯や司祭が主催する食事会や夜会、ミサなどに出席した。東の果ての国から来た優秀で礼儀正しい少年たちは、神の恩寵《おんちょう》を証明する実例として熱烈な歓迎を受けたのである。

ヴァリニャーノが使節団を送った目的は三つあった。

ひとつはヨーロッパに日本での布教が着々と進んでいることを知らせ、ローマ教皇とスペイン・ポルトガル兼任王から、さらなる布教のための資金援助を受けること。

もうひとつは一五八〇年に起こったスペインによるポルトガルの併合という事態を乗り越え、イエズス会による日本での布教活動の独占を認めてもらうことである。

イエズス会はポルトガル王の支援によって海外での布教を行なっていた。そしてポルトガルとスペインとの間で結ばれた条約によって、日本はポルトガルの活動範囲だと定められていた。だから日本でのイエズス会の活動の独占も認められていたが、頼みのポルトガルがスペインに併合されたために、フランシスコ会などが参入してくる恐れがあった。

そこで少年使節団を送って大々的に布教の実績をアピールすることで、日本の布教はイエズス会に任せると、ローマ教皇やスペイン王に認めさせようとしたのである。

そして三つ目は、ヨーロッパの進んだ文明や信仰状況を少年たちに学ばせ、日本にそれを伝えさせることで、布教をより効果的で確実なものにしようとした。

少年たちの滞在日程や訪問先も、そうした目的を最大限達成できるように、イエズス会によって綿密に計算されていたのである。

九月初め、一行は陸路でエヴォラに向かった。ここで八日間滞在し、ブラガンサ一門である大司教テオトニオ・デ・ブラガンサを訪問したり、エヴォラ大聖堂を訪ねてオルガンの演奏を披露《ひろう》したりしている。

実は三年前、私もこの町に行ったことがある。大友宗麟を主人公にした『宗麟の海』（NHK出版）を書く前に、ルイス・デ・アルメイダやルイス・フロイスのことを調べるためにポルトガルを訪ねた。

その時、エヴォラ文書を見たくて市立図書館に立ち寄ったのである。この文書はヴァリニャーノが少年使節に託した屛風《びょうぶ》の下張りに使われたものだが、一部が復原されただけで全体の解明はまだ進んでいない。

単に反古紙《ほごがみ》を下張りに使っただけなのか、イエズス会本部に伝えるための秘密の文書を下張りの中に隠していたのか。

大いに興味があるが、確かなことは分からないままである。

しかし私は、イエズス会が本能寺の変に深く関与していて、ヴァリニャーノが司令塔だったのではないかと考えている。

その理由は、彼が一五八二年十二月にマカオからマニラのスペイン総督に送った手紙に「シナにおいて陛下が行ないたいと思っていること（明国《みんこく》征服）のために、日本は時とともに、非常に益することになるであろう」と記していることである。

これは明国出兵に反対していた信長は葬《ほうむ》られ、出兵に応じる約束をした秀吉が天下を取った、という意味ではないだろうか。

スペイン国王に続きローマ教皇にも謁見

しかもヴァリニャーノはブラガンサ大司教とも親しく、一五八三年十二月には少年使節を厚遇するように依頼する手紙を送っている。

こうしたことを考え合わせれば、エヴォラ屛風の下張りに機密文書を忍ばせていた可能性も充分にあると思う。真相が解明されることを切望する次第である。

エヴォラを出た使節団の一行は九月十四日から十八日まで、隣町のヴィラ・ヴィソーザに滞在した。

ここでの一行の行動については、前述したサルゲイロ氏の著書に詳しい。

この地を治めていたブラガンサ家は、ポルトガル王家から嫁をもらうほど権勢があった。その嫁とはポルトガル王マヌエル二世の孫カタリーナで、彼女の息子であるテオドジオ二世が、十六歳の若さでブラガンサ家の当主を務めていた。

夫に先立たれたカタリーナはスペイン王フェリペ二世から結婚を申し込まれたが、息子の後見役を務めるために断っている。やがてポルトガルがスペインから独立したなら、息子を王位につけたいと考えてのことだった。

この母子が少年使節団を手厚くもてなした。テオドジオ二世はセント・アゴスティーニョ修道院の入口で一行を出迎え、彼らを礼拝堂で行なわれているミサに案内し、真紅《しんく》のビロード張りの椅子に座らせた。

ミサが終わるとブラガンサ家の宮殿に案内し、歓迎式典を行なった。式典の後には食事会も行なわれたが、金銀の器にもった料理の豪華さに、四人の少年たちは驚きを隠せなかった。

当時の様子を記録したドゥアルテ・デ・サンデ神父の『デ・サンデ天正遣欧使節記』には次のように記されている。

〈その後、公爵ご自身により贅《ぜい》を尽くした豪華なる祝宴の開会が宣された。多種多様な食べ物、金銀の器、美しき食器類、使用後の食器類を運ぶ大鉢までも高級な銀製なので一行は心より驚いた。それらには王者にふさわしき威厳があった〉(『戦国の少年外交団秘話』)

テオドジオ二世は少年たちを狩猟地に連れていってイノシシ狩りも楽しんだし、自室にチェンバロとヴィオラを運ばせ、少年たちに演奏させて聞き入った。

彼らは同じ年代だったので、ひときわ親近感を抱いたという。

ブラガンサ家がこれほど富裕を誇っていたのは、東洋での香辛料貿易における経済的特権を持っていたからである。丁字《ちょうじ》などの香辛料はヨーロッパで珍重され、高値で取り引きされていたので、莫大な利益をもたらした。

それだけにイエズス会との結びつきも強く、少年使節を歓待することでヴァリニャーノの計画を後押ししようとしたのである。

この後一行はマドリードに着き、豪華に仕立てられた四輪馬車に乗り護衛兵に付き添われてフェリペ二世との拝謁《はいえつ》の場に出向いた。

フェリペ二世も一行を歓待し、ローマに駐在していたスペイン大使への紹介状と、一行が滞りなくローマまで旅が出来るように、通過予定地の君主にあてた手紙を渡している。

一五八五年三月二十二日、一行はついにローマに到着し、鳴り響く教会の鐘とサンタンジェロ城で放たれる礼砲に迎えられた。そして教皇グレゴリウス十三世と謁見したのみならず、四月二十六日には新教皇となったシクストゥス五世の戴冠式《たいかんしき》にも参列した。

帰国のためにリスボンを出港したのは、それから一年後の一五八六年四月八日。七か月ほどかかってインドのゴアに着き、インド副王の使節に任命されたヴァリニャーノと再会し、共に日本へ向かうことになった。

ところが一五八七年（天正十五年）に秀吉がバテレン追放令を発したために、マカオに滞在して帰国の機会をうかがわざるを得なくなった。そして一五九〇年七月二十一日、一行は無事に長崎に入港し、八年半におよぶ長い旅を終えた。

少年たちが下船した時、迎えに来た家族はどれが本人か分からなかったという。

東北へ布教したペトロ岐部

話がそれて恐縮だが、シルクロード天山南路《てんざんなんろ》の取材に行った時の話をする。

飛行機でウルムチまで飛び、鉄道でハミ、トルファン、コルラまで行き、コルラからは車でクチャ、カシュガル、そしてパミール高原のタシュクルガンまで走った。

千八百キロ近いゴビタン（砂利《じゃり》質砂漠）の道を、玄奘《げんじょう》三蔵も仏教の教えを求め、インドに向かって延々と歩いた。法華経《ほけきょう》の翻訳で知られる鳩摩羅什《くまらじゅう》も、わずか九歳でクチャ（亀茲国《きじこく》）

からカシミールに向かった。

その求道心には頭が下がるばかりだが、江戸時代初期に似たような求道の旅をした日本人がいた。ペトロ岐部《きべ》である。

一五八七年（天正《てんしょう》十五年）に現在の大分県国東《くにさき》市で生まれたペトロは、一六〇〇年に十三歳で有馬《ありま》のセミナリヨ（小神学校）に入学した。

その十四年後に幕府のキリシタン追放令によってマカオに追放され、司祭になるべく同地の神学校で学んだ。ところが当時の上長との折り合いが悪く、君を司祭にはしないと宣告された。

これに反発したペトロは、仲間二人とマカオから脱出し、ローマのイエズス会本部に行って司祭にしてもらおうと決意した。

マカオからマラッカ、インドのゴアへは船で渡り、ゴアからは一人で陸路をたどった。インド、ペルシャ、バクダードを経てエルサレムでの巡礼をはたし、三年後の一六二〇年にローマにたどりついた。

この年十一月に三十三歳で司祭に叙階《じょかい》され、さらに二年間の修行に励み、一六二三年にリスボンから出港してゴアに向かった。

そして日本での布教をめざし、一六三〇年にマニラから日本に向かい、薩摩《さつま》の坊津《ぼうのつ》にたどり着いた。

ペトロは幕府の激しい弾圧と摘発の危険にさらされながら、各地のキリシタンたちを励ますために長崎から東北に向かった。苦難の旅は九年にも及んだが、一六三九年に仙台で逮捕され、江戸に送られた。

そうして棄教するように迫られたが、どんな拷問《ごうもん》を受けても応じなかったために、最後は浅草の待乳山聖天《まつちやましょうでん》の近くの明地《あけち》で穴吊りの刑に処された。

行年《こうねん》五十二歳。インドへの旅を終えた三蔵法師は唐の皇帝から国師として迎えられたが、当時の日本はペトロ岐部を同じように遇する力量を持っていなかったのである。

豊臣秀吉を激怒させた「スペインの脅し」

西彼杵《にしそのぎ》・島原《しまばら》半島の旅の途中に、我々は日本二十六聖人記念館を訪ねた。雲仙《うんぜん》の旅館で台風二十四号の直撃を受け、翌朝の出発を三時間ほど遅らせて長崎に向かった。荒天の中で無事にたどり着けるか不安だったが、車を降り記念館の階段を上がる頃には、幸い雨も風もやんでいた。

西坂公園の中にある記念館の正面には、一五九七年二月五日（慶長《けいちょう》元年十二月十九日）に西坂で殉教した二十六人の姿を象《かたど》った記念碑がある。

その側《そば》で記念館のマネージャーである宮田和夫さんが待っておられた。

「私はカソリックの信仰にそれほど詳しくありませんが、司祭さまとのご縁でこのような役目をおおせつかっております」

明るく謙遜《けんそん》しながら、記念碑の説明をして下さった。

「これは舟越保武《ふなこしやすたけ》さんの作品です。彼は岩手県の出身で、カソリックの洗礼を受けた熱心な信者でした。記念館の奥に建っているのは、聖フィリッポ教会です。今井兼次《けんじ》さんが設計されたもので、スペインのアントニオ・ガウディの影響を受けたデザインになっています」

入口の右手、記念碑の裏側は、今井氏が制作した「長崎への道」というレリーフになっている。京都で捕らえられた殉教者たちが、長崎の刑場まで連れて来られたことを石の連なりで表現したものである。

「彼らは一月三日に京都で左耳をそがれた後、京都、大坂、堺で市中引き回しにされ、瀬戸内海ぞいの道を歩いて長崎まで連行されました。それでも棄教しなかった尊い行ないを、葡萄《ぶどう》の実にたとえています」

二十六人が捕らえられたのは、秀吉が発したキリシタン禁教令に背《そむ》いたためだった。

秀吉は九州征伐が成った一五八七年七月に禁教令を発し、宣教師を国外に追放し国内の信者にも激しい制限を加えると宣言したが、南蛮貿易に支障《ししょう》をきたすことを懸念《けねん》して黙認に近い態度を取り続けた。

ところが一五九六年十月に起こった、サン＝フェリペ号事件によって状況は一変した。

この年七月にフィリピンのマニラを出航したスペインのサン＝フェリペ号は、メキシコに向かって航海していたが、台風に襲われて土佐沖に漂着し、長宗我部元親《ちょうそかべもとちか》の指示で浦戸《うらど》湾内に曳《えい》航《こう》された。

元親は秀吉に状況を報告して指示をあおいだので、秀吉は増田長盛《ましたながもり》を奉行として派遣し、サン＝フェリペ号の船長と交渉に当たらせた。

この過程《かてい》でいくつもの問題が起こった。最大のものは日本側が積荷を没収し、船員を勾留《こうりゅう》しようとしたことだ。

これに激怒した船長のランデーチョは、スペインが「太陽の沈まぬ帝国」と呼ばれる強国であることを強調して、外交的な脅《おど》しをかけようとした。

また船にはスペインの援助によって布教活動をしている、フランシスコ会の宣教師数名が乗っていた。

彼らが日本での布教を続けることに危機感をもっていたイエズス会は、フランシスコ会はスペインの世界征服の先兵になっていると讒言《ざんげん》したという（諸説あり）。

こうした事態に秀吉は過剰に反応した。稀代《きだい》の英雄も年老いて耄碌《もうろく》しかかっていたし、朝鮮出兵の失敗は歴然としていて、太閤《たいこう》の権威《けんい》も人気も地に堕《お》ちている。

そうした苛立《いらだ》ちのせいか、石田三成《いしだみつなり》に命じて京都、大坂に住むフランシスコ会宣教師五名と信徒十五名、イエズス会関係者三名、その他一名を捕らえさせ、長崎に送って処刑するように命じた。

連行の途中に二人が加えられ、二十六人になった。厳冬の中、大坂から歩き通して長崎に着いた一行の中に、わずか十二歳のルドビコ茨木《いばらき》がいた。これを哀れに思った奉行所の役人は、棄教すれば命を助けると言ったが、ルドビコは「この世のつかの間の命と、天国での永遠の命を取り替えることはできない」と言ったという。

彼らは事件から二百六十五年後の一八六二年に、ローマ教皇によって聖人の列に加えられ、日本二十六聖人と呼ばれるようになったのである。

記念館に展示してあるのは、日本における信仰と弾圧、殉教にまつわるものである。中でも二十六聖人や江戸時代初期の弾圧と殉教に関するものが多い。

すでに紹介した中浦《なかうら》ジュリアンがローマのイエズス会総長補佐にあてた自筆書状や、ジュリアンが穴吊りの刑にされたことを記した『イエズス会の殉教者』(マチアス・タンネル著・一六七五年、プラハで出版)という書物も展示してある。

版画『雲仙の殉教』(A・モンタヌス著、一六六九年刊)には、松倉重政《まつくらしげまさ》が雲仙地獄で行なった凄惨《せいさん》な拷問の様子が描かれている。

これはイエズス会員の日本からの報告をもとに想像で描いたものだが、湯量が豊富だった雲仙地獄の様子や、侍の月代《さかやき》まで精密《せいみつ》にとらえている。

異彩《いさい》を放っているのは、『雪のサンタマリア』である。西洋的なマリア絵を日本の色彩と技法によって描いたもので、一心に祈るマリアの表情は愛と母性に満ちて神々《こうごう》しいばかりである。

一六〇〇年代の初期に西洋画の技法を学んだ日本人が描いたものらしく、潜伏キリシタンたちはこれを竹の入れ物に納めて保管し、ひそかに信仰の拠《よ》り所としてきたのだった。

次にガウディ風の双塔が建つ聖フィリッポ教会を訪ねた。

礼拝堂の正面に十字架を立て、ステンドグラスによって彩光した、質素ながら品格のある造りで、音響効果にも配慮してある。ここでパイプオルガンを弾き賛美歌を唱したなら、神との一体感に包まれた至福の時間を過ごすことができるだろう。

キリスト教信徒への過酷な弾圧

教会の一角には、二十六聖人として殉教したヨハネ五島、パウロ三木、ディエゴ喜斎の遺骨が保管、展示されている。

（ああ、またか）

大腿骨《だいたいこつ》とおぼしき大きな骨に名前が記されているのを見て、私は無気味な既視感《きしかん》にとらわれた。

カソリックには殉教者の遺骨や遺品をひときわ尊ぶ伝統があって、ポルトガルの教会にはフランシスコ・ザビエルの血まで展示してあった。

それを見た時の生々しさを思い出したからだが、これは信仰上の問題なので致し方のないことである。

骨の下には「一六三〇年に長崎からマカオに送られた。一六三二年にマカオからマニラに移管させられた。一九六二年にマニラから当教会に里帰りした」と、聖遺骨が大切に守られてきたいきさつが記してあった。

「パウロ三木は日本人信者の代表的な人物です。西洋諸国では二十六聖人のことを『聖《セント》パウロ三木と仲間たち』とも呼んでいます」

宮田さんが説明して下さった。

パウロは永禄《えいろく》年間（一五六〇年代）に摂津国《せっつのくに》（諸説あり）で生まれた。父親の三木半太夫は三好《みよし》氏の家臣で、やがて織田信長に従うようになった。

十二歳の時に安土《あづち》城下に造られたセミナリヨ（小神学校）に第一期生として入学したが、本能寺の変の後に高槻《たかつき》市に移ってイエズス会の教育を受けた。

その後大坂城下に移って布教活動を続けていたが、サン＝フェリペ号事件の後に秀吉の命令によって長崎で処刑された。

パウロは西坂の十字架の上で、「私はイエス様の教えを捨てないために処刑されますが、太閤様をはじめ処刑に関わったすべての人を赦《ゆる》します。切に願うのは、彼とすべての日本人が一日も早くキリシタンになることです」と、最後の説教をしたという。

再び記念館に戻ると、ホールの近くに何枚かの殉教図があった。一枚は『元和《げんな》の大殉教図』の写真である。

一六二二年九月に西坂で五十五人が殉教した時の様子を描いたもので、処刑場のまわりには多くの信者が集まって祈りをささげている。

「この絵をよく見て下さい。火炙《あぶ》りの刑に処されていますが、殉教者と火の距離が離れています。それは遠くから時間をかけて炙り殺している間に、信者が苦しみに耐えかねて棄教するように仕向けるためです」

宮田さんの説明を聞いて絵をよく見てみると、人が縛られていない磔柱《はりつけばしら》が三本描かれている。これは熱さに耐えかねてその場を離れようとした者がいた証である。

その隣には、穴吊りにされた殉教者の様子を描いた絵もあった。地に掘った穴の中に糞尿《ふんにょう》を入れ、そこに手足を縛った信者を逆さ吊りにするのである。

青春時代に遠藤周作の『沈黙』（新潮文庫）を読み、主人公のフェレイラ神父がそうした刑によって棄教したことは知っていた。

ところがこの刑の本当の恐ろしさについて、私はうかつにも読み落としていたのである。

「この刑にかける時、耳の後ろに小さな傷をつけるんです。すると血が少しずつ流れ落ちて、耐え難い苦しみを与えるんですよ」

藤田達生教授に教えていただき、おぞましさに鳥肌立った。

それは刑の残酷さのためばかりではない。幕府の命令とはいえ、平然とそうした弾圧、拷問を行なった人間がいたことに慄然《りつぜん》としたからである。

天正少年使節の一員だった中浦ジュリアンも、ゴアからローマまで歩いたペトロ岐部も、穴吊りの刑に処されている。

それでも棄教することなく殉教したが、二人が吊るされた穴の底で最後に見たのは、権力に盲従して残酷な拷問に手を染める人間の弱さだったかもしれない。

家康コラム④ 「三河一向一揆」から家康が学んだキリスト教対策

編集部編

桶狭間《おけはざま》合戦（永禄三年／一五六〇）を契機に今川との関係を清算した家康は、二年後に織田信長と清洲同盟を結び、戦国武将として心機一転の時を迎えた。家康は、この機に、父広忠の時代に寺院に付与されていた「不入の特権（免税など）」を廃止解体しようと試みる。

この時期、文明六年（一四七四）から加賀一国を支配していた一向宗（浄土真宗）の勢いが、家康の本領三河にも波及、水運の要衝矢作川流域に点在する上宮寺《じょうぐうじ》（岡崎市）、勝鬘寺《しょうまんじ》（岡崎市）本證寺《ほんしょうじ》（安城市）を中心に家康の計画に対抗して、門徒らに決起を呼びかけた。その結果、本多正信ら門徒の家臣が、一向一揆側に参陣するという事態を招き、家康は七十五年の人生の中でも特筆すべき危機を迎えたのである。

安芸国の一向一揆で使用されたとされる「進者往生極楽　退者無間地獄（進まば往生極楽退けば無間地獄）」の旗（広島県竹原市の長善寺蔵）に象徴されるように、一向一揆側の団結力は極めて強固で、一揆勢の猛攻に圧《お》された家康は、山中八幡宮（岡崎市）境内にある洞窟（鳩ケ窟）に逃げ込む事態に陥る。まるで石橋山の合戦で洞窟に隠れていた源頼朝を彷彿とさせるが、一揆勢が探索に来た際に、二羽の鳩が洞窟から飛び出して来たという。鳩がいたということは人がいるはずがないということで、家康は難を逃れたという逸話が伝わる。

イエズス会とキリシタン大名の関係を家康はどう見たか？

家康は、一揆勢が敗退後、一時流浪していた本多正信や後に「徳川十六将」となる渡辺守綱、蜂屋貞次など一揆勢に投じた家臣の帰参を許した。まだ二十歳ほどだった家康にとって、一向一揆との戦いはどのような影響を与えたのだろうか――。

＊

本編でも記したように日本で最初のキリシタン大名大村純忠《おおむらすみただ》は、自領の長崎の土地と統治権をイエズス会に寄進するという挙に出た。もし、純忠同様に土地や統治権を寄進するキリシタン大名が増えていたら、日本はスペイン、ポルトガル勢力の植民地と化す危険性があった。本書の著者安部龍太郎さんもこう語る。

「一向一揆は、流通業を握る寺社勢力が宗教的な権威を掲げて領主である家康と対峙しました。信仰で結ばれ、主従関係とは別のところで生きている彼らを統制することができず、多くの家臣が家康の元を去っていきました。家康は、宗教の怖さが骨身にしみてわかったと思います。イエズス会の日本への浸透は、一向一揆と比較にならないほど大規模で狡猾でした。貿易をえさに領主層に近づき、宣教師は信仰を広げていくという二段構え。イエズス会の力を利用してスペインやポルトガルはどんどん入り込んでくる。秀吉の九州征伐の際の状況を見聞した家康はだいぶ早い次期から、イエズス会、スペイン、ポルトガルが今後相容れない存在になると気付いていたと思います」

大航海時代の到来で、世界の各地へ遠征していたスペイン、ポルトガル。すでにこの時期には、南米のブラジルがポルトガルの植民地となっていた。戦国時代を終焉させ、さらには禁教令でキリスト教勢力の侵略を防いだ家康は、日本を植民地化の危機から救った人物ということにもなるのではないだろうか。安部さんが続ける。

「あのままイエズス会の布教を許していたら、大坂や京都まではキリシタン大名が支配する国になっていたかもしれません。ということは、日本は西国と東国に分断されていたかもしれない。そういう意味では、家康が日本を植民地化の危機から救ったという説は成り立つと思います」

日本を植民地化の危機から救った男、世界的な大都市となった東京の礎を築いた男。こうした視点からも家康をクローズアップする必要があるのではないだろうか。

第五章●戦国終焉・島原の乱。家康がもたらした平和編（島原半島）

天草四郎と原城と島原の乱

沖合に停泊していたオランダ船の謎

島原の乱の模様を再現したジオラマ。下はわが国で最初の活版印刷を行なったグーテンベルク式印刷機（複製）。いずれも「有馬キリシタン遺産記念館」（南島原市）。

島原の乱と天草四郎

幕軍大将が討ち死にした戦場

原城跡を歩く

徹底的に破壊された原城

悪名高き松倉重政の入封

さて、いよいよ島原《しまばら》の乱に取りかかるわけだが、まず乱が勃発《ぼっぱつ》するまでの歴史的な流れについておさらいをしておきたい。

有馬《ありま》晴信《はるのぶ》が原城《はらじょう》を築き始めたのは、慶長《けいちょう》四年（一五九九）頃だと言われている。海に突き出した高さ三十一メートルの断崖《だんがい》の上に築かれた城は、周囲およそ三キロにも及ぶ。

城内には晴信や家臣の屋敷、弾薬や食糧をたくわえる櫓《やぐら》などがあり、五年後の慶長九年にほぼ完成した。

ところが晴信はその三年後に起こった岡本大八《おかもとだいはち》事件に連座して斬首《ざんしゅ》され、慶長十九年（一六一四）には全国にキリスト教禁教令が発令された。

晴信の後を継いだ息子の直純《なおずみ》は、家臣や領民に棄教を迫ることはできないと幕府に訴え、日向《ひゅうが》への転封《てんぽう》を許された。

この年の暮れに大坂冬の陣、翌年に夏の陣が起こり、豊臣家は滅亡する。

大坂城に駆けつけた浪人の多くがキリシタンで、これを第一次、島原の乱を第二次キリシタン戦争と解釈することも可能である。

翌年には悪名高い松倉重政《まつくらしげまさ》が島原に入封《にゅうほう》し、元和《げんな》四年（一六一八）から島原城の築城に着手する。その規模は四万五千石の居城には不相応な大きさなので、おそらくキリシタンとポルトガルにそなえるための天下普請《てんかぶしん》だったと思われる。

六年後に城が完成した頃から、松倉はキリシタン弾圧に乗り出し、雲仙《うんぜん》地獄での拷問など凄《せい》惨《さん》な手段を用いるようになる。中浦《なかうら》ジュリアンが捕らえられ、長崎の西坂で穴吊りの刑に処されたのは寛永《かんえい》十年（一六三三）のことである。

それから四年後の寛永十四年（一六三七）、松倉家の弾圧と重税に耐えかねた有馬村のキリシタンたちは、十月二十五日に代官所を襲って代官林兵左衛門《はやしへいざえもん》を殺害した。ここに乱の火蓋《ひぶた》が切って落とされたのである。

有馬家の浪人などが中心となった一揆《いっき》勢は島原城まで攻め寄せるが、松倉勢は籠城《ろうじょう》して城を守り抜いた。

一方、肥後天草《ひごあまくさ》の一揆勢は天草四郎《しろう》を旗頭として、十一月十四日に本渡城《ほんどじょう》を攻め落とした。その勢いをかって唐津《からつ》藩領（飛び地）である富岡城《とみおかじょう》にも攻めかかったが、これを落とすことはできなかった。

そこで一揆勢は廃城となっていた原城に立て籠《こも》り、幕府勢十二万を相手に壮絶《そうぜつ》な戦いを演じることになったのである。

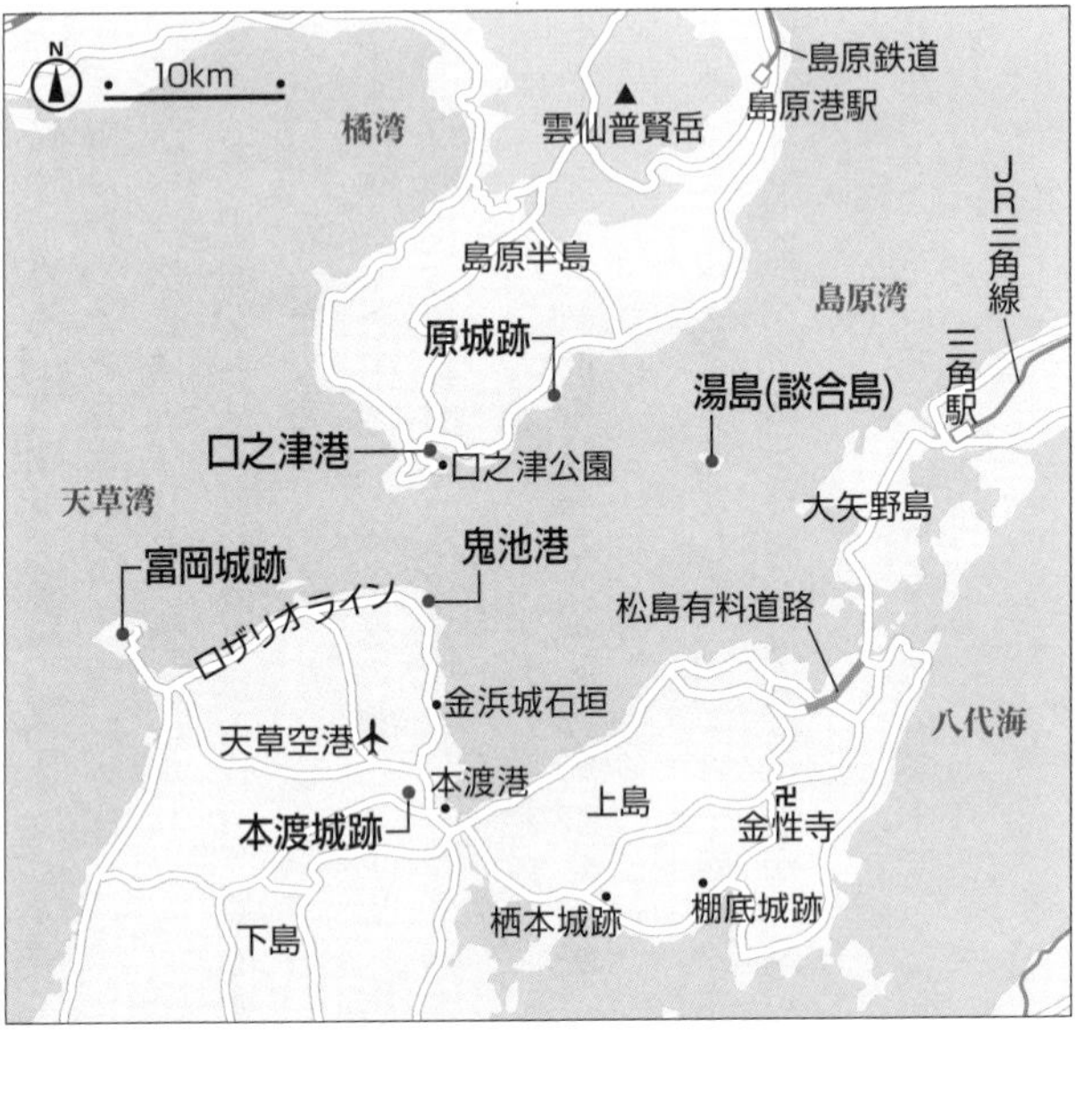
N
10km
島原鉄道
島原港駅
橘湾
雲仙普賢岳
JR三角線
島原半島
島原湾
原城跡
三角駅
湯島(談合島)
口之津港
口之津公園
天草湾
大矢野島
鬼池港
富岡城跡
ロザリオライン
松島有料道路
金浜城石垣
八代海
天草空港
本渡港
上島
本渡城跡
金性寺
栖本城跡
棚底城跡
下島

なぜ原城は徹底的に破壊されたのか

台風二十四号が接近中で、小雨が降るあいにくの天気だった。空は波乱をふくんだ厚い雲におおわれ、海からの風が吹きつけてくる。

我々は南島原市の庁舎で借りたゴム長靴をはき、文化財課課長の松本慎二さんに案内していただいて原城跡に足を踏み入れた。

鬼哭啾々《きこくしゅうしゅう》という言葉がある。霊魂や亡霊がしくしくと泣いている様子を表したものだが、原城落城の悲劇を思えば、そんな言葉が胸に迫って厳粛な気持ちになった。

三百八十年前、この城に三万七千人の一揆勢が立て籠り、三か月におよぶ戦いの末に悲惨な最期をとげた。その記憶は今もまだ地面に残っている気がした。

「平成四年から城跡の発掘調査が行なわれ、原城と島原の乱の状況がだいぶん分かるようになりました」

本丸に向かいながら、松本さんが説明して下さった。

その結果、二つのことが明らかになった。ひとつは原城が石垣や枡形《ますがた》の虎口《こぐち》、櫓《やぐら》や御殿をそなえた、織豊期《しょくほうき》の築城技術の粋《すい》を集めた本格的な城郭であったこと。もうひとつは島原の乱の実態である。

前者については岬の先端の高台に配された本丸、二の丸、三の丸の曲輪《くるわ》の規模や、今も一部が残る精巧な石垣を見ただけでもよく分かる。

有馬家は四万五千石と言われるが、十万石、二十万石の大名に匹敵する立派な構えである。しかも二キロほど北には日野江城《ひのえじょう》があるのだから、有馬家の経済力は石高《こくだか》では推《お》し量《はか》れないほど大きかった。

その収入源となったのは初めは明国《みんこく》、次にはポルトガルとの貿易だったのである。

「それにしても有馬晴信は、どうしてこんな巨大な城を築く必要があったのでしょうか」

藤田達生教授が皆を代表して質問役をつとめて下さった。

「おそらく文禄《ぶんろく》、慶長の役《えき》で、豊臣家の築城技術の高さを目《ま》の当たりにしたことと、古いタイプの日野江城では鉄砲を多用する戦術に対応できないと痛感したことだと思います」

それが松本さんの見解だった。

本丸の大手門《おおてもん》跡には、南北九十メートル、東西八十メートルの大きな虎口が設置されていた。そこを発掘して分かったのは、石垣まで完全に破壊して、その上に土をかぶせていることだ。

その石が虎口跡にごろごろと転がっている。石の下に屋根瓦《がわら》が埋まっているところもあるので、瓦葺《かわらぶき》の建物を先に壊し、その後で石垣を壊したことが分かるという。

大きな枡形の虎口の先には、屈曲した通路が続き、本丸の防御の要《かなめ》となる本丸門がある。まわりを石垣で囲まれた頑丈な造りで、原城が落城するまで天草四郎が居場所としていたので、史料には四郎家《いえ》と記されているという。

虎口の地面と奥にある本丸との段差は一メートルほどしかないが、当時はもっと高かったという。

「城を壊した時、本丸の地面を削り取り、その土で城全体を埋め、巨大な墓にしたのです。それは供養のためではなく、一揆で死んだキリシタンを封印したと思われます」

籠城戦での犠牲者は二万とも三万ともいわれている。その累々《るいるい》たる屍《しかばね》を見た幕府軍は、キリシタンが生き返るのではないかという深刻な恐怖心を抱いた。

キリスト教では死後の復活を説いているし、それを信じたキリシタンたちが嬉々《きき》として殉教していくのを見た幕府軍は、本当にそんなことがあるかもしれないとパニックにおちいったのである。

そのことについて幕府軍の指令官だった松平《まつだいら》伊豆守《いずのかみ》信綱《のぶつな》の嫡男輝綱《てるつな》は、『島原天草日記』（「続々群書類従《ぐんしょるいじゅう》４」）の中で次のように記している。

〈剰え《あまつさ》童女の輩《やから》に至るまで、死を喜びて斬罪を蒙《もう》く。これ平生人心の致す所に非《あら》ず。彼《か》の宗門に浸《ひた》たる所以《ゆえん》なり〉

そうした恐怖心を抱いた幕府軍は、キリシタンたちが復活しないように首を斬り体を両断し、城全体を土でおおった巨大な墓にして、住民の立ち入りを禁じたのである。

本丸の海にのぞむ位置には三層の櫓があり、天草、口之津《くちのつ》を望むことが出来た。瓦と白漆喰《しっくい》を用いていたと思われる天守閣は遠く海上からも望むことができ、ポルトガル船にとっては格好のランドマークになっていた。

築城時には二の丸や三の丸に家臣たちの屋敷が隙間《すきま》なく建ち並んでいた。ところが島原の乱が起こったのは原城が廃城となって二十一年後なので、天守閣も武家屋敷もなかったはずだと従来は考えられてきた。

ところが最近では、完全な廃城なら三万七千もの人々が三か月も籠城できるはずがないのではないか、という疑問が呈されている。

本丸西側の石垣の下には、三メートル四方の半地下の建物跡が九区画あった。

これは家族単位で使っていた陣小屋だと思われるが、炉やカマドなどの暖房や煮炊きにかかわる痕跡が見つかっていないので、一揆勢が冬場の籠城にもかかわらず、失火による火災を起こさないように高い規律を守っていたことが分かるという。

本丸から二の丸、三の丸をへて大手口《おおてぐち》に向かった。途中には長崎市の平和祈念像で知られる北村西望《きたむらせいぼう》作の天草四郎像や、市内から移転した天草四郎の墓があった。

目の前に有明海が湾入し、天草との中間地点に湯島《ゆしま》が浮かんでいる。一揆の主謀者たちは島原と天草からこの島に集まって計画を練ったので、別名談合島《だんごうじま》とも呼ばれている。

このことからも島原の乱が突発的に起きたのではなく、周到に準備されていたことがうかがえる。

有明海の入口の早崎《はやさき》瀬戸は潮の満ち干きのたびに急流と化し、十五分しか潮止まりがない。そのことも原城の防御機能を高めていたのである。

「生き残りは絵師のみ」説への疑問

島原の乱には謎が多い。

有馬氏に代わって入封した松倉重政の過酷《かこく》なキリシタン弾圧と領民への苛斂誅求《かれんちゅうきゅう》が乱の原因になったことは明らかだが、重政はいったいなぜこんな極端なことをしたのか。

それは入封する時に、幕府から「キリシタンを撲滅《ぼくめつ》し、スペインの影響を絶ち切れ」という密命を受けていたからではないかと、私は考えている。

そのためにはどんな手段を用いても構わないと言われていただろうし、幕府としても大規模な反乱となり、スペインが参戦した場合にそなえて、七層の天守と高石垣《たかいしがき》を持つ島原城を天下普請で築かせたのではないか。

この計略をキリシタンたちも察知し、いつかは幕府との決戦になると覚悟して、殉教のための戦いの準備を着々と進めていた。

だから乱が勃発して一か月あまりで三万七千人もの人々を結集できたし、十二万もの幕府軍に攻められながら、三か月もの間戦い抜くことができた。

そう考えなければ、江戸幕府が厳しく取り締まっていた鉄砲や弾薬を、あれほど大量に装備できるはずがない。しかも彼らの背後にはスペインがいて、虎視眈々《こしたんたん》と日本進出の機会をうかがっていたはずである。

昼食の時にそうした話をすると、

「その可能性はあると思いますよ。長年テーマとされてきたキリシタン問題の締めくくりとなる事件ですから、小説に書かれたらどうですか」

藤田教授が本気か冗談か分からない口調でそうおっしゃる。

編集者のＩ君は、「それなら我が社で書いて下さい」と大いに乗り気になり、具体化のための調整にかかった。

ならばいつか挑戦してみようかと、私も心中ひそかに期《き》すものがあった。

謎のひとつに犠牲者の数がある。

一般的には三万七千人はことごとく斬られ、助かったのは絵師の山田右衛門作《やまだえもさく》だけだと言われている。

しかし、そんなはずはあるまい。幕府は耕作者である農民をできるだけ生かそうと、躍起になって信仰を捨てさせようとした。

そのことは松平輝綱の日記からもうかがえる。籠城戦のさなかの一月二十日、松平信綱は天草四郎の母と姉、妹、甥《おい》の四人を陣屋《じんや》に連行させた。

そして二月一日には甥の小平に書状を持たせて城内につかわした。その中の一文はおおよそ次の通りである。

「一、今度起こった一揆の巻き添えになり、無理にキリシタンにしたセンチョ（未信者）で城内に籠った者は言うまでもなく、自分から望んでキリシタンになったものの、今は後悔し、城から出て元のようにセンチョになりたいと望む者も許すことになされた。それゆえこうした者を城から出したならば、四郎の母、姉の福、妹の万、甥の小平、四人とも城内に入れよとおおせである」

こうした呼びかけをしたのは、一揆の中心勢力であったキリシタンたちが、村や町から未信者を強制的に連行し、籠城軍の中に組み込んでいたからである。これは未信者を人の楯《たて》にするために、事前に周到に計画していたものと思われる。

呼びかけによって城から脱出した者は相当いたようで、『高来郡《たかくぐん》一揆籠城之刻々日記』は「さらされた一揆の首は一万八百六十九、その外焼死した男女は五、六千人にもなるだろうか」と伝えている。

これによれば死者の数は一万七千人ほどになり、籠城した三万七千のうち二万人近くは生き延びたことになる。

同日記には籠城時には三万七千人だったが、幕府軍が総攻撃をした時には、二万三千人だったとも記されているので、攻撃が始まるまでに一万四千人が脱出し、落城に際しても六千人近くが落ち延びたということだろう。

幕軍大将が討ち死にした戦場

原城《はらじょう》は島原《しまばら》半島から突き出した台地の上に築かれている。もとは島だったが陸続きになったという。

我々は城の北西に位置する大手門《おおてもん》（日野江門《ひのえもん》）から城内に入った。

今は陸地になっているが、当時の絵図には海に面した船入りの奥に枡形門《ますがたもん》があるように描かれている。

他にも田尻門《たじりもん》、蓮池門《はすいけもん》が海に向かって開かれているので、原城が海の交易を主眼として設置されたことが分かる。

大手門から入るとすぐに三の丸の虎口《こぐち》の跡があり、板倉重昌《いたくらしげまさ》がこの付近で討死《うちじに》したことを示す石碑が建てられていた。

原城攻めの上使《じようし》として派遣された重昌は、寛永《かんえい》十四年(一六三七)十二月四日に島原に着き、二十日から城攻めにかかった。

ところが一揆《いつき》勢の反撃は強烈で、多数の死傷者を出して撤退せざるを得なかった。

そこで強攻策を改め、仕寄《しよ》りや柵《さく》を作って徐々に城に迫ることにしたが、一揆の長期化を懸念した幕府は、新たに松平信綱《まつだいらのぶつな》(老中)と戸田氏鉄《とだうじかね》(美濃大垣《みのおおがき》藩主)を派遣することにした。

このままでは面目が立たないと焦った重昌は、二人が到着する前に城を攻め落とそうと、翌年の元日に総攻撃にかかった。

ところがあえなく撃退されたために、重昌は陣頭に立って城内に乗り込み、身方を鼓舞しようとしたが、三の丸の入口で鉄砲に撃たれて討死したのである。

一揆勢の総数は三万七千人。そのうち武士は一万人で、鉄砲二千挺《ちよう》(諸説あり)を装備し、他の者は投石をしたり火をつけた茅《かや》や藁《わら》の束を投げ落として幕府軍に立ち向かったという。

その後幕府軍は城の包囲を厳重にし、兵糧《ひようろう》攻めにする戦法をとった。

その間にも付け城《つじろ》や仕寄り道(塹壕《ざんごう》)、井楼《せいろう》などを作って攻撃の態勢をととのえ、一揆勢に対する圧迫を強化した。

そうして盛んに一揆勢の切り崩し工作を行ない、一万四千人近くを城から脱出させることに成功したと思われる。

またオランダ船に出撃を依頼し、一月十三日から二十七日まで原城を砲撃させた。

これに対して一揆勢は二月二十一日に夜襲を決行し、鍋島《なべしま》、寺沢《てらさわ》、黒田《くろだ》の陣所に打撃を与えたものの、その七日後には総攻撃を受けて落城のやむなきに至ったのだった。

城内の兵糧が尽き、わかめを食す

我々は海沿いの道をたどって田尻門、蓮池門の跡をたずねた。

蓮池門の内側には、本丸と二の丸の間にかなり広い平坦《へいたん》地が広がっている。しかも当時は蓮池があり、籠城《ろうじょう》に不可欠な水がこんこんと湧《わ》いていた。

「城跡の台地は二重構造になっています。土台は口ノ津《くちのつ》岩盤で、その上に阿蘇山《あそさん》の噴火による火砕流《かさいりゅう》や火山灰がつもっています。その隙間《すきま》から水が出るのです」

南島原《みなみしまばら》市文化財課課長の松本慎二さんが説明して下さった。

真冬に三万七千人が立て籠《こも》ったのだから、急ごしらえの陣小屋ではとても間に合わないだろうと思っていたが、近年では二の丸や三の丸に家臣たちの屋敷が建ち並んでいたと考えられるようになったという。

「従来は廃城になった後には何もなかったと考えられていました。しかし慶長十一年（一六〇六）の文書《もんじょ》に、原城と日野江城《ひのえじょう》を修理するために材木を切り出すように命じたものがあり、建物が残っていたことが分かります。それに城を破却した後の盛り土から瓦《かわら》が出てくるのですから、瓦屋根の櫓《やぐら》や土塀《どべい》が残っていたとしか考えられません」

つまり原城は戦闘力や居住性を充分にそなえていたということだ。しかも飲料水にも恵まれ、海に向かって開けている。

一揆勢がこの城に立て籠ったのは、追い詰められた末の窮余《きゅうよ》の策ではなく、事前に計画した予定の行動だったのだろう。

籠城には、兵糧や煮炊き、暖房のための薪《たきぎ》も必要である。それを確保するために、一揆勢は十二月初めに口之津《くちのつ》にあった藩の米蔵を襲い、五千石を奪い取って城内に運び込んだ。

また村々に蓄えていた米も残らず運び込んだというから、薪も背負ってくるように命じていたはずである。

しかも原城は、海に閉ざされたどん詰まりの地ではなかった。有明海の入口である早崎瀬戸《はやさきせと》は潮の流れが速く、幕府の水軍《すいぐん》は操船に難渋したが、一揆勢にはこの海域を知り尽くしている漁民や海運業者が多くいて、わが庭のように往来することができた。

幕府軍は番船を出して海上の監視《かんし》を続けたが、彼らは夜陰《やいん》に乗じ潮の流れに乗って、城外との往来を続けていた。

当時の記録の中に、一揆勢と幕府方の将兵が口合戦（悪口の言い合い）をした様子が記されている。

「お前らは食い物がなく、粗末《そまつ》なものばかり食って困っているだろう」

幕府方がそう言ってからかったところ、一揆勢は生の鯔《ぼら》を見せびらかして、

「このように新しい魚ばかり食べている」

と言い返したという。

鯔は大量に群れをなす魚なので、夜の間に漁に出てごっそりと捕ってきたものと思われる。周到《しゅうとう》に計画した上での籠城だとすれば、天草《あまくさ》や熊本などの対岸の村々にも与同《よどう》の者たちを配し、兵糧や薪の供給、情報の伝達などに当たらせていたはずである。

そう考えると一揆勢は原城に押し込められたのではなく、幕府軍を島原半島の袋小路に誘い込んだと見ることもできる。

もし周辺のどこかで一揆勢が蜂起《ほうき》して補給路を断ったなら、幕府方は大混乱におちいったはずである。

そうしたことを想像しながら本丸への道を歩いていると、戦国の世を生き抜いたキリシタン武将たちのしたたかな面構《つらがま》えと、蓮池のまわりに水を求めて列をなす村人たちの姿が見えるような気がした。

「このあたりの発掘は、まだ手つかずのままです。この下には埋められたままの遺体があることでしょう」

通路の下の雑草が生い茂る地面をさして、松本さんがおっしゃった。

城を落とした幕府軍は、石垣の側に遺体を集め、上から土塀や土を落として埋めているので、城の構造を見ればだいたいのことは予測できるという。

本丸の櫓跡に立てば、城を一望に見渡すことができる。

城は櫛《くし》の背を海に向かって置いたような構えで、歯の部分で幕府軍と対峙《たいじ》していると考えると分かりやすい。

櫛の歯を何本か折って間を透《す》いた形に、三の丸や二の丸の出丸《でまる》が突き出し、低湿地を眼下に見下ろしている。

しかも崖《がけ》の上には土塀を隙間なく巡らし、土塀の内側には移動用の堀を掘っていた。

ここを力攻めして銃撃や投石にさらされた幕府軍は、櫛の歯と並行に二重の柵を巡らした。

そして柵に楯《たて》を打ちつけて安全に移動できる通路を確保し、そこから仕寄り道を城に向けて伸ばしたり、高々と井楼を上げて城内に鉄砲を撃ちかけられるようにした。

二重の柵の外側には大名家ごとに本陣をおいた。北から細川（熊本）、立花《たちばな》（柳川《やながわ》）、松倉（島原）、有馬《ありま》（久留米《くるめ》）、鍋島（佐賀）、寺沢（唐津《からつ》）、黒田（福岡）の各家で、「先備《さきぞな》えの七家」

と呼ばれた。

「ここから見れば、一揆勢がなぜ鍋島、寺沢、黒田の陣に夜襲をかけたか良く分かりますね。出撃できる場所は、谷が浅い南側しかありませんからね」

藤田達生教授は合戦の模様《もよう》に思いを馳《は》せておられるようだった。

夜襲は二月二十一日に行なわれた。松平信綱の嫡男輝綱《ちやくなんてるつな》が記した『島原天草日記』によれば、一揆勢は三手に分かれて夜襲をかけ、兵糧、弾薬を奪い取る計画だった。

ところが幕府軍の守りは厳重で、二百九十五人が討ち取られ七人が生け捕られる被害を出して敗走した。

松平信綱は生け捕りにした七人を尋問し、城中の兵糧が尽き、わかめを取って食べていることを突き止めた。

そこで死体の腹を割《さ》かせて胃の中を確かめたところ、証言通りにわかめの他には何も食べていないことが分かった。

信綱が二月二十七日に総攻撃を命じたのは、城内の窮状を知り、もはや抗戦する力はないと判断したからだった。

島原の乱とスペイン艦隊の野望

島原の乱はいまだに謎に包まれている。それは江戸時代の鎖国《さこく》史観とキリスト教弾圧政策によって、乱の真実が意図的に隠されたからだ。

すでに記したように、一揆の指導者たちが周到な計画を立て、明確な目的をもって原城に立て籠ったことは明らかである。

それでは彼らはどんな計画を立て、何を成し遂げようとしたのか。

服部英雄氏の「原城の戦いと島原・天草の乱を考え直す」(『日本近世の地域社会論』文献出版)を参考にしながら、小説家的な大胆な仮説を提示してみたい。

乱の前提となるのは、元和《げんな》二年(一六一六)に松倉重政が島原に入封《にゅうほう》した時、徹底したキリシタン弾圧を命じられたことである。

その二年前に全国に禁教令を発した幕府は、信仰の中心が旧有馬《ありま》領にあることを熟知していて、ここを解体しない限り問題は解決しないと見ていた。

そこで重政の入封にあたって徹底した弾圧と、反乱が起こった場合に備えるための島原城《しまばらじょう》の築城を命じた。

この情報をいち早くキャッチしたキリシタン勢力は、いつかは島原藩や幕府と全面対決をし

長崎市の平和祈念像でも知られる北村西望作の天草四郎像（空撮❹）。

島原湾上に浮かぶ湯島。別名「談合島」。有人島である。

海岸沿いから見た原城跡。多くのキリシタンが籠城した原城跡。乱の後、信者らは、明治に禁教が解かれるまで、「潜伏キリシタン」として雌伏の時を過ごす。戦国乱世に翻弄された人々の歴史は重くて深い。

原城跡空撮。大村純忠が日本初のキリシタン大名となって75年、寛永15年（1638）に原城は落城。城跡は「長崎と天草地方の潜伏キリシタン関連遺産」の構成遺産として世界遺産に登録された。

史料に「四郎家」と記された天草四郎の屋敷跡と考えられている場所（空撮❸）。

原城本丸埋門跡で城が破壊された過程を聞く（空撮❶）。

幕府による破壊の痕跡を残す遺構が随所に見られる（空撮❺）。

原城本丸跡から島原湾を望む。合戦時、沖合にはオランダ船が碇泊していた（空撮❷）。

なければ信仰が守れないと覚悟し、ひそかに準備にかかった。

彼らの目標は幕府を倒すことではない。かつて長崎がイエズス会領であったように、島原半島を信仰と貿易の自由が許される特別区にしてもらうことだった。

そのために彼らが頼りとしたものが二つあった。ひとつは全国にいるキリシタンである。最盛期には七十万人と言われた信者たちは、禁教令をはばかって身をひそめているものの、ひそかに信仰を守り全国的な連絡網を維持していた。

彼らは洗礼を受ける時、洗礼親《ゴッドファーザー》には絶対に背《そむ》かないという誓いを立てる。その洗礼子《ゴッドサン》が次の世代の洗礼親となって信者を拡大していけば、最初の洗礼親の命令によって全員が動く組織が出来上がる。

イエズス会はこうしたやり方によって布教組織を拡大していったが、江戸初期の日本ではそうした組織がまだ残っていた。

だから有力な洗礼親との連絡さえとっておけば、全国のキリシタンを動員することが可能だった。

彼らが頼りにしていたもうひとつの勢力は、海外にいるイエズス会の宣教師とマニラ、マカオを拠点とするスペインだった。

ちなみにイエズス会を支援し続けたポルトガルは、一五八〇年以来スペインに併合されている。かの国が独立をはたすのは一六四〇年。ブラガンサ家のジョアン四世が王位についた時である。

彼が中浦《なかうら》ジュリアンら少年使節を歓待《かんたい》したテオドジオ二世の息子だったことからも、ポルトガルと島原のつながりの深さがうかがえる。

一揆勢の戦略は、まず原城に籠城して幕府の大軍を引きつけ、混乱に乗じて全国のキリシタンに決起を呼びかける。

そうして幕府を窮地におとしいれた上で、松倉家の改易《かいえき》と島原半島での信仰と貿易の自由を認めさせる。

交渉が難航した時には、スペインに艦隊を派遣してもらって幕府に圧力をかけ、その後口之津や加津佐《かづさ》で独占的な貿易を行ない、やがては租借地《そしやくち》にしてもらう。

まるで夢のような話だが、それをうかがわせる資料はわずかながら残っている。

それに、一か八かの夢に賭けなければ生き残れない状況に、島原、天草のキリシタンたちは追い込まれていたのだった。

原城跡天草四郎像前で。左から藤田達生三重大教授、安部龍太郎氏、
南島原市文化財課の松本慎二課長。

旅の終わりに

歴史を友とし、その深奥を見極めた八年間の旅

若い頃から旅に惹《ひ》かれていた。学生寮にいた頃もふらりと夜汽車に乗って出かけたり、友人の自転車を借りて九州一周の旅に出たりした。

生まれ育ったふる里が四方を山に囲まれ、すり鉢の底のような閉塞感《へいそくかん》があったので、外に飛び出したい欲求に駆られるのだと思っていたが、どうもそればかりではないらしい。

旅の情念が高じ、アジアやヨーロッパを回っても、また旅に出たいという思いは尽きることがない。一所に留《とど》まっていると、血が濁っていくような不安と苛立《いらだ》ちを覚えてしまう。

松尾芭蕉もそんな感覚を持っていたらしく、『奥の細道』の序文に「そぞろ神《がみ》の物につきて心をくるはせ、道祖神《どうそじん》のまねきにあひて、取《とる》もの手につかず」と記している。こうしたいたたまれない感覚は、若い頃に夜汽車に飛び乗っていた頃の衝動に近いものだ。

芭蕉は俳句を共として旅に出た。安部龍太郎は歴史を友とし、その深奥を見極めたいという思いを持って旅をつづけている。

月刊誌『サライ』で「半島をゆく」を足かけ八年にわたってつづけさせていただいたことは、

安部にとって僥倖《ぎょうこう》だった。尊敬する仲間と旅に出て、自治体の担当者や郷土史家の方々に教えを受けながら取材し、夜はみんなで郷土料理をいただきながら地酒を堪能《たんのう》した。

それ自体がフィールドワークであり、知識や体験の集積が次の小説を書く財産になっていくのだから、こんなに有り難いことはない。

しかもそれを文章にして原稿料をいただき、本にまでしてもらうのだから、関係したすべての方々、そして読んでいただいた方々に厚く御礼を申し上げたい。

始まりは画家の西のぼるさんや三重大学の藤田達生教授と、津市の居酒屋で司馬遼太郎の『街道をゆく』を越える仕事をしようと気勢を上げたことだった。

後日、その話を聞いた編集者の今井康裕君が素早くキャッチし、あれよあれよという間に連載の運びとなった。カメラマンの藤岡雅樹さんも同行することになり、各地で息を呑むような素晴らしい写真を撮ってくれた。

やがて西さんに代わって北村さゆりさんが絵を担当してくれ、日本画の技法を生かした作品を数多く描いてくれた。

先年、静岡県藤枝市で開かれた北村さんの個展に行き、これまでの原画がすべて揃っているのを見た時には、感動のあまりしばらくその場を動けなかったほどだ。

むろん苦労もあった。現地で案内していただく場所が多く、こちらの知識と理解が追いつかないので、取材のメモをしっかりと取り、後で学んだ知識をもとに旅の意味を再構成する作業がつづいた。

まるで泥縄のような仕事で恐縮だが、それを八年間つづけられたことは誇りに思っていいのではないかと自負している。

その後、連載の成果を『日本はこうしてつくられた』と題して三冊の新書にまとめることになった。本書はその三冊目である。

再読して改めて思うのは、取材先で実に多くの方々にお世話いただいたことと、未知の歴史を証《あか》す史料と現地で出会うことができた喜びである。

そうした歴史を大切に守ってきた方々に深い謝意を表して、お礼の言葉とさせていただきます。

ありがとうございました。

安部龍太郎

安部 龍太郎（あべ・りゅうたろう）

昭和30年、福岡県生まれ。久留米高専卒業後、東京都大田区で区立図書館司書を務めながら執筆を続け、平成２年、作家デビュー。『信長燃ゆ』『関ケ原連判状』『下天を謀る』など戦国時代を舞台の小説を精力的に発表。平成17年、『天馬、翔ける』で第11回中山義秀文学賞を受賞。平成25年、『等伯』で第148回直木賞受賞。月刊誌『サライ』で連載していた「半島をゆく」をまとめた『日本はこうしてつくられた 大和を都に選んだ古代王権の謎』『同２　鎌倉殿と北条一族　歴史は辺境から始まる』が好評発売中。

日本はこうしてつくられた３

徳川家康　戦国争乱と王道政治

2023年（令和５年）１月11日　初版第１刷発行

著作者　安部龍太郎
発行者　大澤竜二
発行所　株式会社 小学館
〒101-8001 東京都千代田区一ツ橋2-3-1
（編集）☎ 03-3230-5901
（販売）☎ 03-5281-3555
印刷所　凸版印刷株式会社
製本所　株式会社 若林製本工場
デザイン　B.C.
編集　今井康裕（小学館）

造本には十分注意しておりますが、印刷、製本など製造上の不備がございましたら、「制作局コールセンター」（フリーダイヤル0120-336-340）にご連絡ください。（電話受付は、土・日・祝休日を除く9:30～17:30）

ISBN978-4-09-343447-8